まえがき

　本書は，佐賀大学高大連携プロジェクトの一環で進めている「教師へのとびら」をもとに，未来の教師を育成するための高大接続のしくみについて解説するための図解本である。高大接続の進め方やその意義を幅広く発信するとともに，専門分野に特化した高大接続の発展を目指すことを目的とする。

　「教師へのとびら」は2014年度に始動し，本書でまとめたPDCA（PLAN, DO, CHECK, ACT）のサイクルに則り，試行錯誤しながら常に改善・進化を図ってきた。その成果が実を結んで，今では初年度の登録者数は3倍に増え，教員養成系の学部に進学する受講生の割合も約5割から7割強へと増えている。これは，より目的的で専門的な学びが促されている証と捉えることができる。そして，2020年度には見事，教員採用試験に合格した一期生が出たため，「とびら生」が教員として教壇に立つ日も現実として迫っている。今後，社会人（教員）になった修了生を対象とする追跡調査を続けていくことで，7年間のカリキュラムの教育効果がより鮮明になることが期待される。

　このように進化を続ける「教師へのとびら」のより詳細な軌跡については，以下の書籍に，同カリキュラム開始後4年間（2014-2017年度）の取組の実際と成果をまとめているので参照されたい。

○　竜田徹・林裕子編著（2018）『教師へのとびら【改訂版】Pathways to Being a Teacher —継続・育成型高大接続カリキュラムの開発と展開—』東京書籍.

　上記の書籍の広報活動を進めていたある日，「初心者でもパッと理解できる本があると便利」というコメントが届いた。確かに，同書を読めば「教師へのとびら」の趣旨や取組の概要は掴めるが，素早く，ピンポイントで情報を得る・理解するという読み方には適していないかもしれない・・・。そう思った筆者らは，図解本というコンセプトにたどり着き，本書の執筆に至った。

　本書では「教師へのとびら」に基づいた高大接続の仕組みを，PDCAサイクルに沿って，4章にわたり解説している。第1章では「計画する（PLAN）」段階で行うカリキュラム構想や体制づくりについて，第2章「実施する（DO）」では，開会，学修内容，閉会，修了式など，各プログラムの項目を解説する。第3章「振り返る（CHECK）」では実施後に様々な視点で振り返りを行うこととその意義について触れる。そして最後は「改善・

進化を図る（ACT）」段階である。進化し続けるカリキュラムであるために，この段階で
どのような視点で，どのような改善を図るべきかを考える。

　各章10項構成で，それぞれ見開き１ページで完結し，左側に文章，右側で図解というレ
イアウトになっている。各章末には，次のステップに向けた関連情報や「マメ知識」をま
とめた「とびらのメモ」と，さらに考えや知識を広げていくための「とびらのヒント」コー
ナーがある。両方共に，個人学習はもちろん，授業やワークショップ等で取り入れる協同
学習（ペアやグループ学習）にも適している。本書は，一般の方々から高校・大学教育関
係者の方まで，幅広い読者層をターゲットにしている。最初から最後まで順番通りに読ん
でも，興味のある部分のみピックアップして読んでも，高大接続のしくみについてイメー
ジがわいてくる。そんな本に仕上がっていること，そして，教育分野のみならず，幅広い
専門領域における今後の高大接続プロジェクトの進展に寄与する本であることを願う。

2021年３月

佐賀大学教育学部　林　裕子（監修・著）

目　次

第3章　CHECK　−振り返る−

第4章　ACT　−改善・進化を図る−

第1章

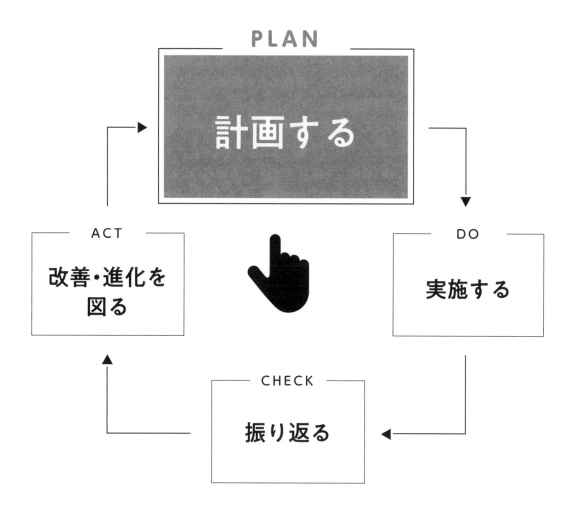

PLAN
計画する

ACT
改善・進化を
図る

DO
実施する

CHECK
振り返る

1-1 高大連携の取組と高大接続について

「高大連携」ということばを聞いてあなたは何をイメージするだろうか。字面からは「高等学校と大学が連絡を取り合って，共に共通の目的に向かって物事に取り組むこと」というように解釈できるだろう。しかし，それだけでは，連携の「強度」によって多種多様に異なる取組の実態が見えにくい。

これまで，全国各地において，オープンキャンパスや出前講義（大学教員が高校に出向き行う授業）の実施，学部説明会や模擬講義等，多様な取組が正課外に実施されてきた。しかし，これらは，数時間や1日で完結する，単発で非日常的なイベントの性質を持つものが多い。そこで，複数の取組を連続的に実施するとどうだろうか。ある一定期間にわたり，複数のプログラムから構成される「カリキュラム」として実施した場合，高等学校と大学とが連絡を取り合う機会が増え，より専門的で一貫性のある協働が実現される。その過程で，教科指導や進路指導についての共通理解が図られることから，高等学校と大学教育内容の改善においてより直接的な影響を与える「強度の連携」を図ることができる。

筆者らが所属する佐賀大学（以降「本学」）においても独自の「高大連携プロジェクト『教師へのとびら』」を実施している。名称に「高大連携」とあるが，それが目指す姿は，「連携」に基づく「接続」である。本プロジェクトは，「高校の3年間と大学の4年間で教師を育む」という発想に立った「継続・育成型」の取組であり，そのプロセスで高校現場と大学が密接に連携を取り，継続的に情報交換や意見交換を行う。それにより，高等学校教育で育まれた生徒の進路観や学力，専門性，その後の大学での学修や地域社会での活動等に接続する（大学，地域社会の三者に教育効果を還元できる）ことを目指す。では実際に，本プロジェクトはどのように実施されているのだろうか。PDCA（PLAN, DO, CHECK, ACT）のサイクルを用いて，そのしくみを解明していこう。

【高大接続のための連携のあり方について】

人・モノ・情報・言語・文化等が国境を越えて高速且つ複雑に行き交うグローバル社会に主体的に対応し生き抜いていくための人材の育成及び輩出には，高等学校と大学間における「強度」の連携，すなわち「接続（専門的には「アーティキュレーション」）」[1]が重要な役割を担う。

高等学校と大学は，小・中学校で積み上げられた教育の成果に基づく，社会とのより密接な関係を意識した発展的な学習が求められる教育段階である。両者間が接続するためには，密に連絡を取り合い，学習段階に特化した学習内容やその成果についての共通理解がなされることが必須条件である。例えば，大学での学修内容（カリキュラム）やその成果が可視化されることで，高等学校では卒業時までに求められる学修成果を見据えた教科設計や指導，さらに個人の将来目標に応じた具体的な進路指導が可能になる。大学ではそれらの成果を確実に発展させる教育に取り組むことができる。

「連携」にもとづく「接続」を目指す

地域社会

高校　　　　大学

接続

連携

連携

連携

連携

1-2 教育的効果について

　文部科学省は小・中・高等学校の教師に対し，指導目標や指導方法，内容，評価などの手引き書である「学習指導要領」を告示する。2017年・2018年に，約10年ぶりに改訂された小学校・中学校学習指導要領では，学校教育全体で「知識及び技能」，「思考力，判断力，表現力等」，「学びに向かう力・人間性等」の3つから成る資質・能力を一体的に育成するという，新たな学力観が示されている。なお，各教科等で観点別学習状況の評価を行う際には①知識・技能，②思考・判断・表現，③主体的に学習に取り組む態度という3観点を用いる。

　小学校外国語科を例に挙げると，最終ゴールの活動（例「夏休みの思い出を伝え合おう」）の達成に向け，相手にわかりやすく伝わるための工夫や伝えたい内容（理由や感想）の整理・分析等（②）を伴う理解（インプット，インテイク）や口頭表現（アウトプット）活動を繰り返し行う。その中で得られた基本表現の意味・用法に関する知識や「聞くこと」，「話すこと」などの技能（①）を高めたり，自らの学びを把握し（改善や発展に向けて）調整したりしながら粘り強くゴールに向かう主体的な態度（③）を育むようにしていく。そして，小学校での教育内容を踏まえ，中・高等学校では4技能（「聞くこと」「読むこと」「話すこと」「書くこと」）の総合的育成を図る。大学教育では，語学力や専門的知識に加え，主体性，協調性，異文化理解など，小・中・高等学校を通じて培った資質・能力の更なる向上を図る。このような資質・能力を有する人材を地域社会に輩出するためには，高大接続の強化は必至である。しかしながら，現状は進学に関する一般的で単発な連携が大半を占め，教科の内容に特化した専門的な連携まで十分に展開されているとは言い難い。

　専門性を持たせる上で重要なことは，高校・大学・地域社会の三者の参画である。高校生と大学生（学部・大学院）の協同学習や現職教員との交流機会を設けるとしよう（第2章参照）。高校生にとっては，大学の教育課程での学修についてより鮮明なイメージが湧き，進路意欲が高まりやすい。大学生や現職教員にとっては，自身の教師観を（再）認識・分析・形成することができる貴重な機会となり，三者それぞれに教育効果が期待できる。専門性を保証した高大接続は，「自分が学びたいと思っていた内容とは違う」，「勉強に身が入らない」というような，大学進学後のミスマッチの抑制にもつながる。

【PLAN（計画する）の段階でのチェック項目】

　進学に特化した取組のみならず，多面的なアプローチを用いる方が「接続」が促されやすい。そのために，各プログラムについて以下の要素をチェックするようにしたい。
(1)　継続性（単発ではなく継続的に行われているか）
(2)　専門性（各領域に特化した内容であるか）
(3)　地域性（地域社会との協力や取組の可視化ができているか）
(4)　波及効果（高校・大学・地域社会の三者に教育効果が還元される内容であるか）

専門性・継続性・地域性・波及効果を保証する

準備段階で教育的効果について確認しよう！

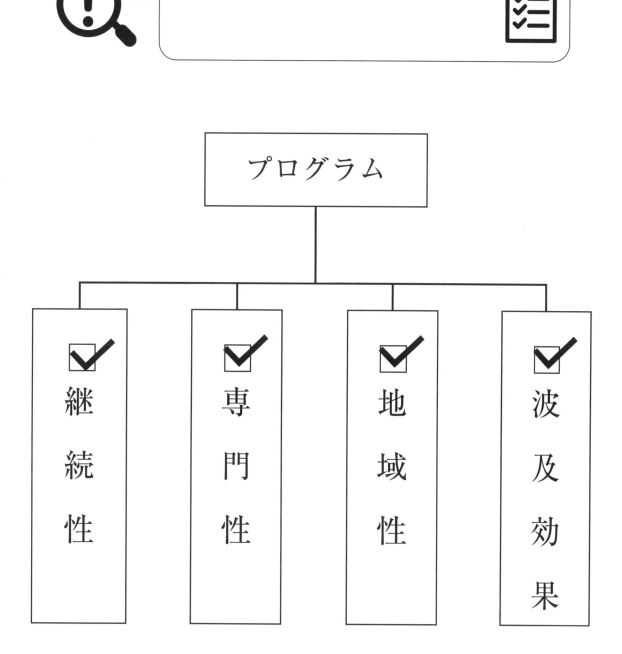

1-3 大学の教職課程について

　日本の学校で教壇に立って授業を行うには，教員免許状を取得すること，そして，都道府県や政令指定都市の教育委員会，学校法人等が実施する試験を受けて採用されることが必要である。それまでにどのような道を歩むことになるのだろうか。一般的に，高校を卒業し，教育学部を有する教員養成系大学に進学し，4年間で必要な単位を取得して卒業することを想定することが多いだろう。

　しかし，教師になる方法はそれだけに限らない。教職課程（普通教員免許状の授与を受けるのに必要な単位修得ができる課程）を有する大学や短期大学等の教育機関であれば，教育学部以外の学部に在籍し，所属学部の授業と併せて，希望する免許状に対応した教職課程の授業を履修することができる。例えば，理工学部に所属しながら，教職課程の所定の科目を履修し，中学校数学の教員免許状取得を目指すといった具合である。

　「教師へのとびら」でも，最初は，教師になるためには教育学部に進学して，教育実習に取り組むという認識をもつ受講生が大部分を占め，教育学部に入ってからの4年間の学びについては，具体的なイメージは持っていない。他の学部との違い，教師という仕事への向き不向き，教育学部に入るために必要な準備などに関する疑問や不確定要素を抱えたまま進学を決める高校生は少なくない。「教師へのとびら」は，このような高校生にとって格好の学びの機会を提供するカリキュラムである。高校生の段階で教師になるためにはさまざまな方法があることを知ることができる。そして，「教師になりたい」という気持ちを高めるとともに，どの学校種や教科に興味があるか，教育に関する何を学びたいのか，どの大学のどの学部で教師を目指すのかなどについて，高校生のときに調べることができる。進路決定の際に慌ただしく考えるのではなく，自分の力や目標と照らし合わせながらじっくりと自らの進路観や教師観を醸成する高校3年間は，教師を目指す上で「アドバンテージ」となるのである。

【教員免許状について】
　一般的な方法で取得可能であるとされる普通免許状は，専修免許状（大学院修了相当），一種免許状（大学卒業相当），二種免許状（短期大学卒業相当）の3つの区分に分けられる。どの区分を選択するかは，希望する学校種（高校は専修，一種のみ）や将来の目標（例：短大で2種を取り，なるべく早く現場に出ることを優先する）等によって，個々人で異なる。教壇に立った際に免許区分によって指導可能な範囲に違いが出ることはないが，大学では，選定した免許区分によって履修すべき授業数が異なるため，卒業までに取得できるよう授業計画は慎重に行わなければならない。教員免許状を取得できる大学や短期大学，専門学校等の一覧や，教員免許制度の詳細については文部科学省のページ[2]で確認することができる。

高等学校卒業後の教師への道のりを知る

＜一般的なイメージ＞

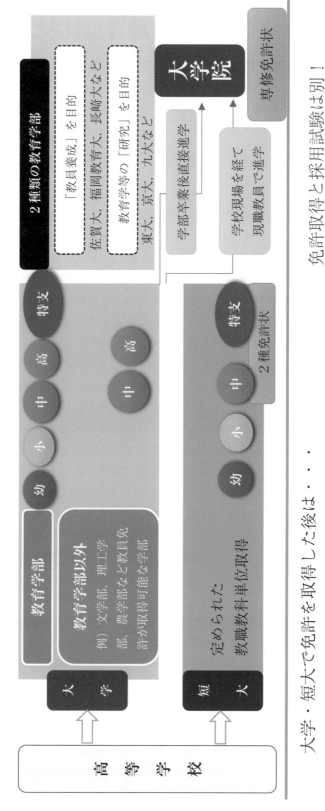

2種類の教育学部

「教員養成」を目的
佐賀大、福岡教育大、長崎大など

教育学等の「研究」を目的
東大、京大、九大など

学部卒業後直接進学

学校現場を経て
現職教員で進学

大学院

専修免許状

大学

教育学部

教育学部以外
例）文学部、理工学
部、農学部など教員免
許が取得可能な学部

幼　小　中　高　特支

高　中

短大

定められた
教職教科単位取得

幼　小　中　高　特支

2種免許状

高等学校

教員採用試験

大学・短大で免許を取得した後は・・・・

例)　一般・教職教養試験

教育原理、教育心理、教育法規、時
事、英語、ICT教育関係など

＋

免許取得及び採用試験は別！

専門試験及び英語筆記試験

受験する教科の専門に関すること
英語（リスニング）

7

1-4 カリキュラムの趣旨・目標と構成を考える

　高大接続カリキュラムの設計は，学習者（受講生）の実態把握，趣旨・目標の設定，構成の立案の順に進める。学校の垣根を越えた高大連携事業ならではの配慮も欠かさないようにしよう。

＜学習者の実態＞　教師になるためには大学に進学し，教育実習に取り組むということは知っている。しかし，大学に入ってからの４年間でいったいどんなことを学ぶのかについてはよくわからない。教育学部がいいのか他学部がいいのか。そもそも自分は教師に向いているのか。教育学部に入るためにいまどんなことを考えておけばいいのか——。教師を目指す高校生はこのような疑問を持っている。「教育学部に入学する前にもっとよく考えておけばよかった」というミスマッチを少なくしていきたい。

＜趣旨・目標＞　教職課程における高大接続カリキュラムの趣旨は，教員というキャリアを見通すことのできる学びの機会を設けることで，高校生の実態に即した学習の充実と進路の実現に寄与することにある。この趣旨のもと，「教師へのとびら」の到達目標として設定したのは，①「教師」という職業に対する理解を深めること，②教師になるための「学び」について理解すること，③自分が本当に教師になりたいのかを問い直すこと，④自己分析を通して目指すべき教師像を見出すことの４つだ。継続的な参加を求めるが，自分自身を見つめ直した結果として進路が変わった場合には，受講を中断することも可能だ。

＜構成＞　高大接続カリキュラムの内容を設計するうえで避けて通れないのは，３年間のプログラム構成と開催日程の調整である。これらは地域の教育委員会や高校側と協力して進めることが肝要だ。開催回数が多ければよいというわけでもない。「教師へのとびら」では，３年間で７回のプログラム構成とした。また，各プログラムをメインプログラム＋リフレクションの２〜３コマ分で構成することで，学修時間の合計が15コマ分となるようにした。つまり，大学の通常講義の１コマ分と揃えたのである。継続・育成型の高大接続カリキュラムを設計するうえで，15コマという学修時間は一つの目安になるだろう。

　高大接続カリキュラムにおける高校生の学びを支える大きな要素の一つとして，他校の生徒との関係性の構築があることが分かってきた。３年間15コマというスパンは，受講生同士が人間関係を構築するのに必要かつ十分な時間だ。学校の垣根を越えた高大連携活動の特色の一つとして積極的に取り入れていこう。

【高大接続カリキュラム設計のポイント①】関係性の構築
　同じ夢に向かってともに励まし合い，刺激し合う仲間の存在は，高校生にとって学びの推進力となる。対話的なリフレクションやアイスブレイキングの機会を多く設けることは，学修内容のメタ認知・再構築という点でも意義があるが，高校生同士の関係性の構築という観点からも重視していきたい。

教師というキャリアの見通しをもつ

プログラムの全体像

高1	高2	高3	大学

年に2，3回のプログラム実施

特別入試（推薦入試・AO入試など）

一般入試

プログラムの目標

- ■ 「教師」という職業に対する理解を深める
- ■ 教師になるための「学び」について理解する
- ■ 自分が本当に教師になりたいのかを問い直す
- ■ 自己分析を通して，目指すべき教師像を設定する

将来，こんなことに役立つかも？

- ■ 推薦入試の書類審査や面接試験などで，しっかりとしたアピールができるかも？
- ■ 教員採用試験での材料として，利用できるかも！？
- ■ 自己分析をする作業は，教職を目指さなくても，就職試験などで役立つかも？

＋

関係性の構築

1-5 カリキュラム内容を考える①
1年次編

　カリキュラム全体の趣旨・目標，構成が明らかになったら，いよいよカリキュラムの内容を具体的に考えていこう。しかしその前に，3年間のビジョンを大きく描くことが必要だ。「教師へのとびら」のビジョン（方向目標）をあえて端的に示せば，1年次は「教師の仕事の意義と魅力を理解する」，2年次は「教師の仕事の現状と課題を理解する」，3年次は「教師を目指すうえでの自己の目標を明確化する」といった流れになる。こうしたビジョンがあると，各プログラムの舵取りを適切に行えるようになる。

　1年次の内容設計のポイントは，何といっても大学の既存の教育資源を生かして無理のないスタートを切ること。言い換えれば「プロジェクトの持続可能性」を重視することだ。

　具体的には，オープンキャンパスや通常講義等の既存の教育資源をカリキュラムの「部品」として組み込むのだ。そうすることで，一から新たなプログラムを立案するよりは，高校側にとっても大学側にとっても負担は小さく成果は大きくなる。また，1－4で述べた「関係性の構築」も1年次のカリキュラムの主要な要素だ。同じ進路を目指す受講生同士が学校の垣根を越えて話し合うことで，異質な他者と関わる力を育むことができる。

　「教師へのとびら」の1年次では，講話や講義を通して教師の仕事として比較的イメージしやすい部分を見つめ直すとともに，話し合い活動を通して受講生同士の関係性を構築することをねらいとしている。第1回は「先生という職業を考えているあなたへ」と題し，現場教師による講話とグループリフレクションを行う。第2回は「オープンキャンパスで大学の雰囲気を体感」と題し，各プログラムに参加した後，仲間づくりを意図したアイスブレイクとグループリフレクションを行う。第3回は「大学生と一緒に講義を受けよう」と題し，教科専門科目の受講とグループリフレクションを行う。

【高大接続カリキュラム設計のポイント②】プロジェクトの持続可能性

　運営側や受講生に負担感のあるプログラムは持続しない。そこで，すでに大学にあるプログラムを取り入れたいと考え，オープンキャンパスへの参加を本カリキュラムの一つに位置づけた（第2回）。また，大学生との合同講義では，原則として大学の後期（10月～2月）に通常開講される講義のシラバスの一回分をそのまま実施することとした（第3回，第6回）。つまり，既存のイベントや後期授業を取り入れるようにした。

　また，その担当者でないと実施できないプロジェクトは持続しない。担当者が入れ替わっても実施できる協業的なプロジェクトこそが持続する。プログラム自体を特定の教職員の専門分野や個人的力量（個性）に依存しない内容とすることが重要である。そこで，各回のプログラムを「メインメニュー」と「リフレクション」という分かりやすいつくりにし，運営に当たる教員にとってファシリテート（facilitate）しやすい構成・内容としている。これについては1－4も参照してほしい。

教師の仕事の意義と魅力を理解する

※開催時期は目安

	1回目（6月）	2回目（8月）	3回目（10月）
1年生	【講演】 先生という職業を考えているあなたへ	【オープンキャンパス】 オープンキャンパス参加を通して大学を知ろう	【講義】 大学生と一緒に講義を受けよう（教科専門）

オープンキャンパス　　　　通常講義

既存の教育資源を組み込む

担当者が入れ替わっても実施できる

プロジェクトの持続可能性

1-6 カリキュラム内容を考える② 2年次編

　2年次のカリキュラム設計にあたっては，教師の仕事の基礎的部分や複雑で困難な部分をも含めながら，1年次の学修内容をより広げたり深めたりし，受講生がカリキュラムの連続性と自らの成長を感じられるようにしよう。つまり，2年次のカリキュラム設計のポイントは，独自性と系統性をつくり出すことだ。

【高大接続カリキュラム設計のポイント③】各回のプログラムの独自性と系統性

　「教師へのとびら」のようにカリキュラムの通算回数が7回と限られている場合には，1回1回の取り組みの独自性がいっそう求められる。また，各プログラムの系統性は，「また次も参加しよう」という高校生の意欲の源になる。たとえば第3回と第6回は，大学生との合同講義という点では同じである。しかし，第3回は主に教科教育に関する内容（教科指導法科目や教科内容科目），第6回は主に教育学や教育心理学に関わる内容（教職一般に関する科目）と区別することで，学習内容のちがいを感じられるようにしている。同様に第1回と第4回についても，招聘した現場教師による講話という点では同じであるが，第1回は高校生が教職の魅力を発見することができるようにし，第4回は教職の現代的・現実的な課題や困難なところに一歩踏み込んで教師の仕事を多面的に捉えられるようにしている（2-5参照）。このように，各プログラムにゆるやかな系統性・連続性をもたせるのである。

　「教師へのとびら」の2年目（第4回～第6回）は「教師の仕事の現状と課題を理解する」をコンセプトとし，大学の教員養成課程での学修内容や方法を理解することを目指している。第4回は「教育の現代的課題」と題し，現場教師による講話とグループリフレクションを行う。第5回は「教育について語り合うワールド・カフェ」と題し，現職教員や大学生などとの話し合いを通して教職課程や教師の仕事の「いま」を見つめてもらう（2-6参照）。第6回は「大学生と一緒に講義を受けよう」と題し，教職専門科目の受講とグループリフレクションを行う。さまざまな教師と出会うことで，自分が目指す教師像やこれからの教育のあり方を考えるのが「教師へのとびら」の2年次なのだ。つまり，次の点も2年次のカリキュラム設計のポイントである。

【高大接続カリキュラム設計のポイント④】さまざまな立場の教育関係者との対話

　高校生がさまざまな教育関係者に接し，その人たちと言葉を交わす機会を得ることは，キャリア観の形成においても大きな意味がある。大学教職員はもとより，幼稚園，小学校，中学校，高等学校，特別支援学校の現場教師（教育委員会および学校勤務の先生方），教育学部生や教職大学院に所属する大学院生，教職に就いた卒業生など，さまざまな立場との対話が自然に生まれる機会をつくりたい。

　すでに1年次のプログラムを終え，2年次も継続参加することを決意した受講生たちであるから，教師の仕事を多角的かつ柔軟に理解しようという高い意欲が見られる。また，グループワークも円滑になり，他校の仲間と熱心に話し合う姿が見られるようになる。

教師の仕事の現状と課題を理解する

※開催時期は目安

| | 4回目（6月） | 5回目（8月） | 6回目（10月） |

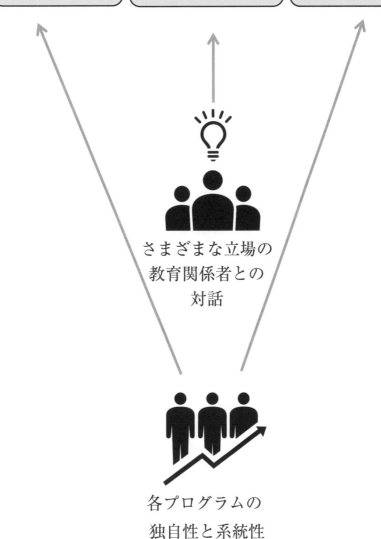

2年生

【講演】
現代の教育的課題

【オープンキャンパス】
先輩や仲間と語り合う
ワールド・カフェ

【講義】
大学生と一緒に講義を
受けよう(教育学)

さまざまな立場の
教育関係者との
対話

各プログラムの
独自性と系統性

1-7 カリキュラム内容を考える③ 3年次編

All's well that ends well. 仕上げが肝心なのは，高大接続カリキュラムでも同じである。3年次は，これまでのプログラムで学んだことを振り返り，「教師を目指すうえでの自己の目標を明確化する」ことが目標だ。厚みを増したポートフォリオを再整理し，自分にとって大切な学びは何かを見極め，将来に向けて自己の学習課題を設定するように導きたい。

「教師へのとびら」の3年次（第7回）は，ポートフォリオの作成と発表に取り組む。「なぜ教育に携わりたいのか」「何が魅力なのか」「何を成し遂げたいのか」といった観点から教師を目指す理由を考え直すとともに，自分が目指す教師像や今後の目標を明らかにし，ポートフォリオにまとめる。それを共に学んできた仲間に向けて発表し，反応を得ることで，成就感・達成感を得ることができる（第7回の内容については3−2も参照）。

3年次のカリキュラム設計のポイントは，受講の修了という節目を「修了証」や「受講証明書」という形で可視化することだ。

【高大接続カリキュラム設計のポイント④】修了証や受講証明書の発行による質保証

修了証および受講証明書は，ポートフォリオとともに，受講生が「教師へのとびら」における自分の取組を外部（他者）に向けて説明するための根拠資料となる。受験する大学のAO入試の提出資料（高校時代の実績報告書）等として活用することもできる。高校生がさらなる学びを展開したり進路を実現したりするための資源として役立ててもらうことを意図している。

修了証および受講証明書によって質保証を行うということは，実施主体として各プログラムおよびカリキュラムの内容に責任をもつことでもある。つまりカリキュラム評価が促されるのだ。

「教師へのとびら」のプログラムは計7回あるが，通算参加1回の受講生と7回すべて参加した受講生とでは，カリキュラムを通して獲得された学びの質・量は当然異なってくる。何回出席し，どのように学び，何を提出すれば，カリキュラムの目的を達成したといえるのかを対外的に明確にするのが質保証である。その意味で，修了証や受講証明書の授与要件をあらかじめ明確にし，受講生に繰り返し伝えることが大切だ。

高校3年次のプログラムをこの1回だけとしているのは，夏休み以降，大学入試シーズンが本格化することによる。「教師へのとびら」の参加実績を推薦入試（多面的・総合的評価入試）に活用する生徒にとっては，この最終回はそれに向けての準備の一環にもなるだろう。もちろん，ポートフォリオをまとめる活動とは異なる新たなプログラムを最終回に導入することも考えられるかもしれない。しかし，高校生にとっては，これまでの学びを総括し意味づけ直すことのほうが学びの実感と定着につながるようだ。

教師を目指すうえでの自己の目標を明確化する

※開催時期は目安

7回目（6月）

3年生	【これまでのまとめ】 ■　ポートフォリオの作成 ■　ポートフォリオの発表 ■　修了証授与

学びの整理
振り返り

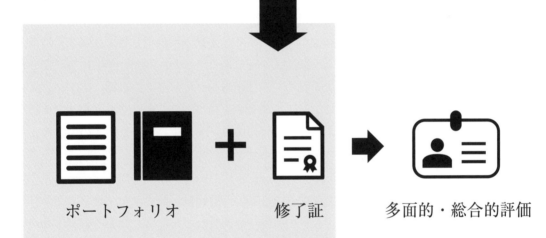

ポートフォリオ　　　　　修了証　　　　　多面的・総合的評価

質保証

1-8 体制を整える

　高大連携プロジェクトを少ない教員で動かすのには限界がある。そこで，教職員間でチームを組んで企画・運営に当たっていくことが必要だ。では，その体制や役割分担をどのように立案すればよいのか。その一例として，「教師へのとびら」の運営体制を紹介したい。

　本学教育学部では，教員5名から構成する「教師へのとびらPT」（PTはプロジェクト・チームの略）で企画・運営を進めている。5名のうち1名は代表を務める。

　まず企画面に関しては，5名全員が揃って会議を開く。各プログラムの前にはタイムテーブルや資料の確認を行い，プログラム後に次回や次年度に向けての課題を整理する。新規プログラムの立案もこの場で行う。次に，当日の運営面（司会進行等）に関しては，5名で3学年を分担している。具体的には，高校1年担当1名，高校2年担当2名，高校3年担当2名という形だ。ちょうど学級担任のようなイメージである。なお，高校3年生は各年度の初回（第1回）でカリキュラムを修了するため，高3担当の2名は第2回以降，高1クラスや高2クラスのサポートに加わる。また，前年度高2生を担当した2名は今年度高3生を担当するというように，いわゆる「持ちあがり」で担当する。受講生にとって担任の先生のような安心感につながることを期待しての工夫である。

　高大連携プロジェクトを学部として支援しようという雰囲気を醸成し，プロジェクト自体をより持続的なものとするためにも，教員の所属や専門性などを考慮したチームづくりが大切になる。本学部には教員組織として「幼小連携グループ」「言語・社会系グループ」「理数系グループ」「実技系グループ」「学校教育学研究科」の5つのまとまりがあるので，そこからみて大きな偏りのないメンバー構成とすることが重要だと考えている。

　学部主催のプロジェクトということで，第1回の開講式と最終回の修了式には学部長も出席し，修了生への修了証授与などを行う。このほか，教育学部の総務係が運営面の事務的サポートを担っている。また，アドミッションセンターに所属する教職員からは，とびらプロジェクト全体の調整や助言を適宜受けることのできる体制にある。

　受講生一人ひとりの個性を認め，さまざまな専門性をもつ学校教員を育てようとするならば，プロジェクトの担当教員にも多様性があったほうが望ましいだろう。企画・運営体制は一朝一夕に整うわけではなく，プロジェクトを進める中で出来上がってくるものでもあるが，その方向性として，学部全体の協力が得られ，各教員の専門性が生かされ，高校生の多様性が育まれる運営体制を目指すことが求められるのではないだろうか。

各教員の専門性を生かし，受講生に安心感と多様性を

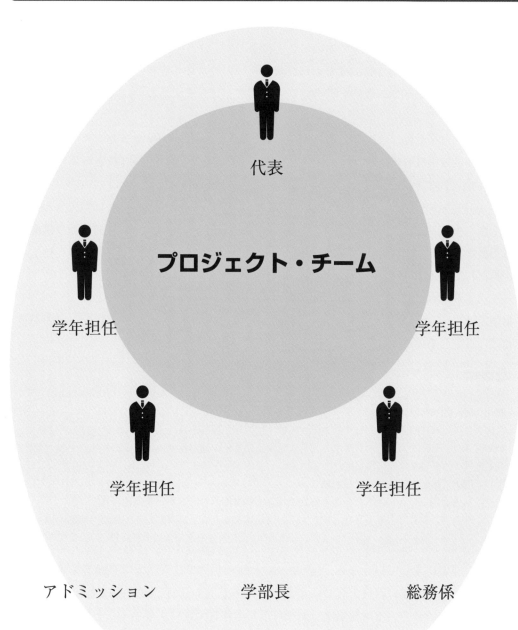

「教師へのとびら」の運営体制

1-9 地域との連携
教育委員会・高等学校との連携を中心に

　教員養成課程が企画・運営する高大連携プロジェクトの成果は，地域の教育委員会や高等学校との連携・協力関係のもとで進めることによって，より大きなものとなる。教員不足といわれる現代，教育委員会側にはすぐれた教員を一人でも多く獲得したいという強いニーズがある。そうした意味で，教師を目指す高校生にアプローチする機会は貴重である。

　本学の高大連携活動「とびらプロジェクト」は，本学アドミッションセンター（入試課）と学部及び佐賀県教育委員会の連携体制の下で実施している。県内各高校との調整などをはじめとして，プロジェクトを円滑に実施するためのさまざまな支援を受けている。主にアドミッションセンターが全体的なコーディネートを行い，関係する学部が教育委員会と連携しながらカリキュラムの内容に応じた企画・実施を担当している。高校生は部活動や模擬試験などで多忙な生活を送っている。その中で，最適な開催日程が設定され，多くの高校生の参加が得られているのは，現場の先生方や教育委員会との信頼関係があるからだ。

　本学では本カリキュラム導入に向けて，高等学校の理解と佐賀県教育委員会の協力を得るために，以下の事前準備が行われた。

＜2012年度＞
　佐賀県内の高等学校に対し，継続・育成型の高大連携プロジェクトに関するコンセプトの説明。
＜2012年度〜2014年度＞
　大学長による高校訪問。目的は佐賀大学と高等学校の相互理解を深めること。佐賀大学に進学者の多い高等学校を対象に実施。佐賀大学へ入学した学生の様子や進路指導の実情などの意見交換。また，高大連携プロジェクトの実施に向けた協力についても意見交換を行う。
＜2014年度＞「教師へのとびら」が始動
　再度，高大連携プロジェクトを開始する旨と希望する生徒への働きかけを依頼。
　従来からあった佐賀県教育委員会と佐賀大学の協定書を見直し，実質的な連携体制を構築。

（詳細は，『教師へのとびら【改訂版】』[3]の第2章を参照）

　長期的な展望に立っていうなら，「教師へのとびら」は単に大学入学志願者を集める事業なのではなく，次世代の教員を育てる事業としての意義のほうがはるかに大きい。「教師へのとびら」を受講している高校生は，かならずしも佐賀大学に入学することを最終目標としているわけではなく（そういう気持ちもあるかもしれないが），すぐれた教師になることを目指して参加している。地域貢献型・社会貢献型のプロジェクトとしての連携・協力体制の基盤となるのは，こうした長期の見通しなのである。

次世代の教員を育てる事業としての
長期的な展望を

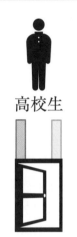

高校生

高大連携プロジェクトに
参加する

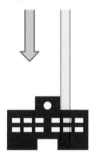

大学に進学する

すぐれた教師になる

地域社会への貢献

1-10 高校生との連携
高校教員との関わりも交えて

　高校や教育委員会との連携・協力体制については 1 － 9 「地域との連携」にも記した通りだが，実際には，各プログラムを企画・運営し，受講する高校生と具体的に関わっていくなかで連携の必要性を感じることも多い。 1 － 9 で述べたのが制度面での連携であるとすれば，この項では運用面での連携について述べたい。

　高大連携は，高校教員と大学教員の相互理解を築くことでもある。以前，こんなことがあった。「教師へのとびら」を開始して以降，大学の推薦入試合格者に対する入学準備教育（入学前教育）の実施に当たり，高校側や高校生との連絡・調整が非常にスムーズに進むようになったのだ。大学側の担当教員によれば，そのケースでは合格者が「教師へのとびら」の受講生であるか，高校の進路指導担当教諭が「教師へのとびら」の取組を熟知していたという。それにより，「合格者の高校での学びを評価・接続し，能力をさらに伸ばすための進路・学修を支援する」という共通理解が円滑に形成されたのだ。そうでない場合には，入学準備教育の趣旨・内容を一から説明しなければならず，「送り出す側」と「受け入れる側」の隔たりもあって，相互理解に予想以上の時間がかかったという。高大連携活動はまさに教員間の連携であり，このような形で校種間の教育接続に役立っていくのだ。（詳細は，『教師へのとびら【改訂版】』の第20章を参照）

　高校生や高校側との連携にあたっては，それを単なる事務的手続きに終わらせることなく，高校生にとっての学びの機会であると捉え，生かしていきたい。それは教員間の関わりにも，教員と生徒の間の関わりにもいえることだ。また，対面型の関わりでも，メール等による非対面型の関わりでも等しく大切なことだ。

【佐賀大学高大連携プロジェクト専用メールアドレス登録システム】

　佐賀大学では高大連携プログラム専用のログインシステムを構築し運用しており，受講生一人ひとりが大学からの連絡をもとに自律的に参加するシステムが整いつつある。受講生は携帯端末などから受講者専用ページにアクセスし，プログラムに関わる連絡を受け取ったり，出席状況を確認したりしている（詳しくは，「佐賀大学とびらプロジェクト」で Web 検索）。

　また，各学部総務係で管理するメールシステムを通じて，次回の開催案内や事前アンケートなども行っている。メールの文面はプロジェクト担当教員が総務係事務員の協力を得て作成する。 3 － 5 で紹介する「受講後 Web アンケート」も，Web 上のアンケートフォームで作成し，このシステムにリンクを貼って呼びかけたものである。高校生自身がこのシステムを活用し，連絡をチェックしたり Web 入力したりすることで，ICT 利活用スキルや教員の実務能力を伸ばしてほしいと考えている。

高校生にとっての学びの機会，
高校教員と大学教員の相互理解の機会に

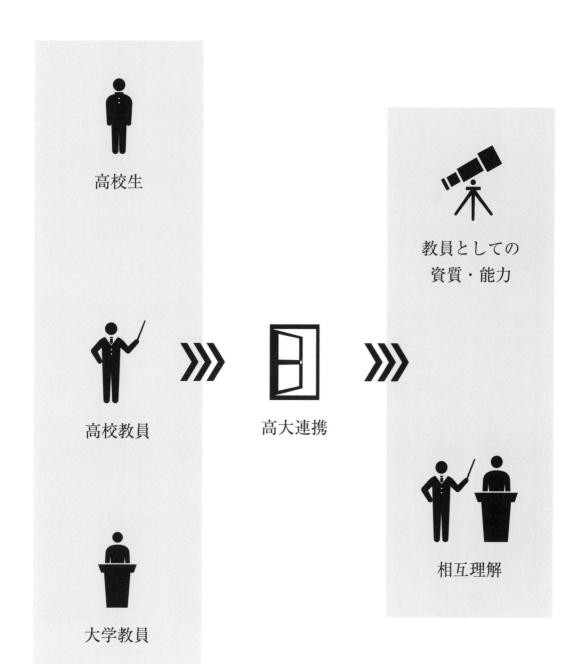

高校生

高校教員

大学教員

高大連携

教員としての
資質・能力

相互理解

とびらのメモ①　自分に合った教師への道のりは？

　教師になるための道のりは１つではない。教師になるためにはこれからどのような勉強をしたらよいだろうか。教師の仕事に興味があるが，どの道のりが自分に合っているのかわからない。（教員養成系以外の）〇〇学部に進学したいが，教育についても学びたい。高校卒業後の進路を決める際は，個人の目標に応じた様々な思いや考えが駆け巡るだろう。そんな時はまず，以下のチャートで自己分析を行い，自分にぴったりの道のりを探ってみよう。

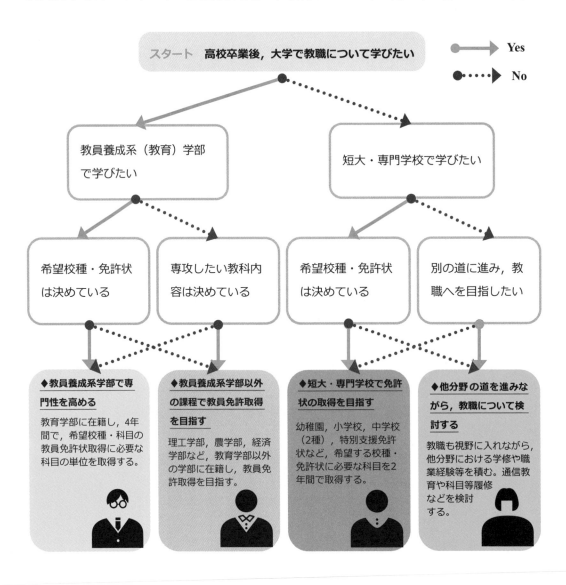

とびらのヒント①

(1) 高校―大学―地域の3者間の連携を強化するためには，どのような取組が効果的だろうか。それぞれの立場に立って考えてみよう。

(2) 「教師へのとびら」の1，2，3年次のカリキュラムの長所を話し合おう。

(3) 「教師へのとびら」のカリキュラムに改善を加えるとしたらどのような点が挙げられるだろうか。考えてみよう。

第2章

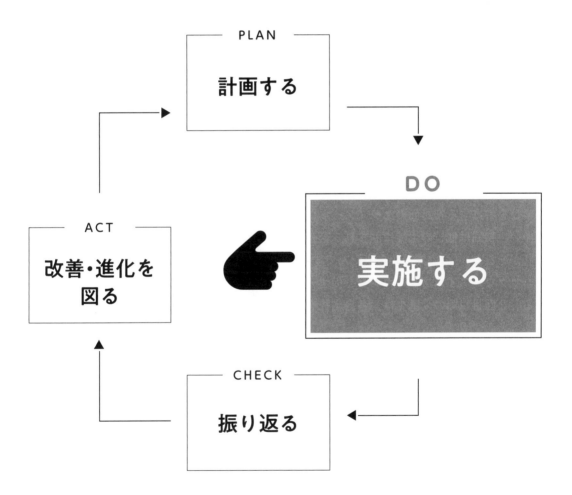

PLAN
計画する

DO
実施する

ACT
改善・進化を図る

CHECK
振り返る

2-1 全体会の流れ① 開会

　いよいよプログラム当日。高校生が次々に会場に到着する。この後の流れについて，まずはプログラムの冒頭部分を見ていこう。

　受講生は会場に到着後，受付を行い指定の教室に向かう。開会前に受付の時間を確保することで，学年ごとの確実な人数把握と（必要に応じて）学年ごとの配付物や指示の提供が行える。加えて，「メール登録」を促すことができる。本学では，受講生が登録講座についての案内を受信し随時確認できるよう，「高大連携プログラムシステム」という Web システムを用いて，メールアドレスを登録するよう促している（1−10参照）。受講生には初回の参加時に受講証が発行され，「高大連携プログラムシステム」ログイン用の ID とパスワードが発行される。緊急連絡も本システムを通じて一斉配信を行っている。

　受付が終わったら，受講生は各自自分の（学年別の）クラスに向かう。初回の（1年生の）プログラムでは，教室に着いたらまず名札作成に取り組む。1人ひとりに渡されるネームカードホルダー内の紙の上部に名前を目立つように書き，余白部分に高校名や好きな教科，得意分野，部活動，趣味，将来の夢などを記入し作成する。名前以外の部分に関しては，これから学びを共にする初対面のクラスメートに伝えたい情報を精選しながら熱心に作成する生徒が多い。初回は他校の生徒に囲まれ，緊張した面持ちで開会を待つ受講生が多く見られる。名札があると，「○○高校から来たんですね！」，「私も○○部です！」などと，自然な（オーガニックな）アイスブレーキングを促す一助となるので，この時間は大切にしたいところである。2回目以降の受講生は，各自名札を付けて着席する。

　それぞれのクラスにおいて，高校生は各回のメインの活動に入る前に各クラスの担任によるプログラムの流れと趣旨についての説明を行い，それを踏まえて高校生は「本日の目標」を立てる（付録「教師へのとびらノート」③参照）。これは，見通しをもつことでより主体的な学びへとつながり，リフレクションの視点が定まりやすいためである。3年生の最終回（第7回）に関しては，「ポートフォリオを完成させる」という到達目標を全体で確認し，それに向けたブレーンストーミングとして，カリキュラム全体の振り返りを行うグループワークの時間を設ける。

【開講式について】
　初回のプログラムは冒頭に開講式を行う。「教師へのとびら」は教育学部が運営しているため，教育学部長ならびに1年生の「担任（＝「教師へのとびら」プロジェクトの構成メンバーである大学教員）」が挨拶を行い，キックオフとなる。

見通しをもってプログラムに臨むようにする

受付

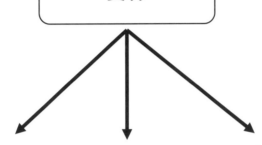

1年生クラス

- 名札作成
- 自己紹介
- 開講式
  (初回)
- 概要説明
- 目標設定

など

2年生クラス

- 名札着用
- アイスブレーキング
- 概要説明
- 目標設定

など

3年生クラス

- 名札着用
- 目標設定
- カリキュラム全体の振り返り

など

各プログラムのメインメニュー

2-2 学年別クラスでの学習

　開講式（初回）や概要説明，目標設定等の冒頭での活動が終わるとメインメニューへ移行する。メインメニューはクラスによって異なるようにする。各回のプログラムを終え，受講生は「1年生の時（第1回）は国全体の動向を学んだが，今回（第4回）は佐賀県に特化した課題を具体的に学べた」，「また別の科目の講義を受けてみたい」などの感想を述べることがある。このような意欲的な態度や姿勢を維持するためには，受講生が毎回のプログラムに「新鮮さ」を覚えることが鍵となる。カリキュラム設計者としては，学修段階に応じて1回1回のプログラムの内容や難易度を変え，各回の独自性と，プログラム間のゆるやかで且つ確実な系統性・連続性を保つよう努めなければならない。

　「教師へのとびら」のカリキュラムの全体像については第1章（1-5〜1-7）を参照されたい。7回という限られた受講回数の中で独自性と系統性を図るわけであるが，中には，第1回と第4回のように，「現場教師による講話」という同一タイトルのプログラムも存在する。しかし，第1回は高校生が教職を概観しながらその特徴や魅力を発見することができるようにし，第4回は，いじめ，保護者との関係，学校評価，働き方改革など，教職の現代的・現実的な課題や困難なところに一歩踏み込んで教師の仕事を多面的に捉えられるような内容にして差異化を図っている。同様に，第3回と第6回についても，第3回は主に教科教育に関する内容（教科指導法科目や教科専門科目）を，第6回では教育学や教育心理学など教職一般に関する科目を受講するようにし，専門分野のちがいを感じられるようにしている。

　2-6で詳しく述べるが，2年生は第5回に「ワールド・カフェによるグループ討論〜いい先生ってどんな人？〜」と題したプログラムに取り組む。現場教師や大学（学部・院）生と共に，目指す教師像についてディスカッションを展開する。その過程で，新たな視点の獲得，それによる心のゆさぶり，葛藤などを経験しながらそれまでの学びの統合が促される。その後，より教職一般についてより専門的に学ぶ第6回，そして，総まとめとなる第7回のプログラムへと着実に学びを進めていくことになる。

【第7回プログラム：ポートフォリオの作成】
　3年生は部活動や模擬試験，入試等の高校側の行事を踏まえ，年度の前半に開催される第7回のプログラムでポートフォリオを完成させ，カリキュラムの修了を目指す。第1〜6回までに使用した資料やワークシートを見直しながら，学習内容や経験を個人・グループで振り返るとともに，カリキュラムを通して築き上げた教師像やこれからの進路についての自分の気持ちを総合的に振り返るようにする。

独自性とゆるやかで確実な系統性を持たせる

✓ **独自性**　各プログラムの内容に違いを持たせる

| 第1回 | | 第2回 | | 第3回 | | ・・・ | | 第7回 |

✓ **系統性**　プログラム間に一貫した<u>つながり</u>を持たせる

縦（学年内）のつながり ｜ と

横（学年間）のつながり ⇄ の両方を大切に！

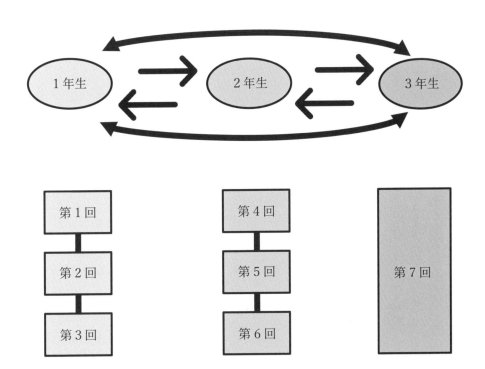

2-3 互いに学び合う場の設定

　カリキュラムを通じて学びを深めていくためには，各プログラムにおいて，受講生が主体的に学び，互いに学び合うことができる場面設定が欠かせない。これは，学校教育や大学教育においても促進されている重要なポイントである。そして，学修内容が授業を越えて，現実社会へと関連付けられることで学びが一層深まっていく。

> **【深い学びの実現に向けて重要なポイント】**
> ①　受講生が自ら立てた目標の達成に向け，学習対象に主体的にかかわること
> ②　学習仲間や教材・教具など，学習資源を有効活用すること
> 　これらは，自ら試行錯誤したり他者と協働したりしながら問題解決を図ったり，思いや考えを共に創造する「アクティブ・ラーニング（能動的学習）」や，個人の理解度やモチベーション等を考慮する「アダプティブ・ラーニング（適応学習）」の視点を取り入れた学習環境デザインと共通するポイントである。

　【深い学びの実現に向けて重要なポイント】①については，2－1で述べた，各回の冒頭で行う「本日の目標の設定」が鍵となる。これから学修する内容を踏まえて，自ら到達目標を設定することで見通しをもって臨むことができる。プログラムへの参加理由やモチベーション，期待度は，受講生一人ひとりで大きく異なる。指導・運営側はそれを統一しようとするのではなく，それぞれの目標に応じて学修を無理なく進めることに比重を置き，継続的・計画的な学びを促したい。実際に，現在の学校教育の現状と課題についての講話を聴く回（2－6参照）においても，「自分が関心を寄せた部分は何かを整理する」，「小学校英語教育の現状を知る」というように，受講生が立てる目標はさまざまであるため，講演後のディスカッションの話題に幅が出る。

　【深い学びの実現に向けて重要なポイント】②については，ペア・ワークやグループ・ワークを適宜取り入れながら実現を図る。ただし，これは，ただ単にペア／グループ・ワークの回数を増やす，座席配置を工夫するといった，特定の指導法や学習形態を指すものではない。自ら学びを振り返る場面や，他者（教師や他の受講生）との対話の中で思いや考えを発信し深め合うといった，受講生を能動的な学び手に変えるための場面設定である。ここで注意すべきは，「○○についてペアで話し合ってみましょう」，「○○についてグループで調べて発表しましょう」と，課題を丸投げしないことである。意見を発信し合う前に，受講生自身が課題についてある程度の知識を得たり，それについて考える時間が必要である。そのために，各回の学習活動において，講義や講話等を通じて十分なインプットが提供される「アクティブ・ティーチング」が成立していること，それについて自分の考えを整理する時間（1人でまず考える）が確保されていることが必須条件となる。

目標設定と十分なインプットの提供を行う

😞 目標設定 ➡ 「○○についてグループで話し合おう！」

😊 目標設定 ➡ 講義・講演（インプット）➡ 自分の考えをまとめる ➡ 「○○についてグループで話し合おう！」

2-4 全体会の流れ② 閉会

　各プログラムのメインメニューが終わったら，必ず個人，グループ，全体でのリフレクション（振り返り）を行う（3－1，3－2参照）。「教師へのとびら」では，第1回のプログラムで「とびらノート」というワークシートが収載された冊子を配付している（詳しくは第4－3，付録を参照）。受講生は各回，各自のとびらノートに本日の目標や各プログラムでの学修内容を書き留めるようにしている。

　第1～6回のプログラムにおけるリフレクションの後は，次回のプログラムについての事務連絡を行うと同時に，次回の学修内容の予告や，それに向けた予習内容・宿題を伝える。後者については，主に，以下のような内容のものが多い。

【閉会前の連絡事項】

① とびらノートへの記入

② ワークシート等の整理（受講生は全員専用のファイルを所有している）

③ 前回欠席者への課題

　各回のプログラムにおいて，作業の進捗に個人差が出るのは否めない。例えば，グループワークでの議論がはずみ，ノートをまとめる時間が十分に確保できない。そのような場合は，作業を急がせたり，プログラムの時間を延長させるなどして無理にプログラムの内容を消化するなどはせず，未完成のものは各自，自学自習の時間に完成させるようにしている。そのほか，前回のプログラムを欠席した受講生は，遅れを感じてやる気を失ったり，参加自体を億劫に感じてしまったりすることがあるかもしれない。受講生が自分に合ったペースで無理なく進めていけることを実感できることは，モチベーションの維持・向上においても大切な要素である。

　第7回のプログラムは「教師へのとびら」の最終回となるため，通常の閉会とは異なり，修了証授与式において，成果や展望を共有し，「教師へのとびら」を終える（3－3参照）。教師への道4年目のとびらを開いていく受講生もいれば，教師とは異なる道を選択する者もいる。筆者らは，指導者として修了式で贈ることばを述べるが，教師を目指すよう発破をかけるようなことばは贈らない。3年間のカリキュラムで経験したこと，感じたことを糧に，それぞれが選択した領域において，4年目以降のとびらを開け，新たな道を切り開いていくためのエールを送る。

次のステップを見据えた終結で閉会する

1～3年生クラス　リフレクション

1・2年生クラス

- 次回の予告
- 予習・復習内容の連絡
- 欠席者のフォローアップ

など

3年生クラス

- 修了証授与式
- 成果発表
- 修了生へのエール

など

次のプログラムへ

進路実現に向けた

次のステップへ

2-5 学校教育の現状・課題について知ろう①
現場教師からの講話

　佐賀県教育委員会から講師を招聘して実施する「教師へのとびら」第1回と第4回は，本プロジェクトにおける連携・協力関係を端的に示すプログラムであり，高校生にとっては地元で活躍する将来の先輩教員との出会いの場でもある。「現場教師からの講話」として実施されるこのプログラムにおいて，高校生は，県内で活躍する教員の先輩から，教師という仕事に関する具体的な話を聴き，教師という仕事への理解を深めていく。

　講話は学年別に実施し，1年次は入門編，2年次は実際編というようにレベルアップを感じられるようにしている。また，1年次は教員の仕事の魅力的な側面，2年次は仕事の厳しさも含めた現実的な側面というように，教師の仕事を多面的に理解できるよう内容の差別化を図っている。具体的には，1年次の講話は「先生という職業を考えているあなたへ」と題し，これから「教師へのとびら」を受講する生徒たちに，教師という職業に対する憧れや魅力を知ってもらい，職業としての教師のやりがいや受講生へのエールを伝える。一方，2年次の講話は「教育の現代的課題」と題し，教師の仕事のポジティブな面だけでなく，教師や学校現場が抱える諸問題（例えば，いじめ，保護者との関係，学校評価，勤務時間）など，教師という職業の現実を知ってもらい，様々な諸問題がある中での教師の役割，教師に求められる資質や能力，やりがいを伝える。講師を務める現職教員の講話は，自分が教員を目指したきっかけ，学校現場でのエピソード，これからの学校教育の展望，教員採用試験のクイズなど，楽しく学べる内容となっている。

　第1回と第4回の学修の主な流れは次の通りである（時間は目安）。

（1）オリエンテーションとアイスブレイキング。講演内容の事前説明。(20分)
（2）講演でどんなことを学びたいか，自分の目標を設定する。(10分)
（3）教育委員会による講話を聞く。適宜メモをとりながら。(60分)
（4）質疑応答。その前に，近くに座っている人同士で共有する時間をつくるとよい。(20分)
（5）グループと個人によるリフレクション。時間があれば発表。(20分)

　高校生が講話を目的的に聞くことができるよう，《個人の目標設定→メインメニューの受講→グループと個人のリフレクション》というサイクルをつくることが大切だ（2-3参照）。講師の先生にはあらかじめ講話のレジュメや映写スライド資料を準備してもらい，当日配付する。講話の内容に沿ってメモをとることができるし，質問したい内容を考えながら聞くことができる。このような手立てをすると，後半の質疑応答が活性化しやすい。受講生相互のリフレクションを組み合わせることで，座学の講義もより有意義なものとなるのだ。

地域で活躍する先輩教員から教師の仕事を学ぶ

2年次

（通算第4回）

＜実際編＞

教育の現代的課題

レベルアップ

1年次

（通算第1回）

＜入門編＞
先生という職業を
考えているあなたへ

2-6　学校教育の現状・課題について知ろう②
ワールド・カフェ

　「教師へのとびら」の第1回から第4回までのプログラムでは，質疑応答や意見交換など
の個別の機会やリフレクションの時間帯を除き，教育委員会講師の講話や大学教員の講義を
聴くなどの時間が比較的長く，一対多の講義型，知識伝達型の形式が多い。知識を蓄積する
ことを中心にしてきたともいえる。高校生どうしの対話はあっても，高校生，大学生，現場
教師という立場を越えた対話の機会は限られたものとなっている。

　そこで，カリキュラムのなかにワールド・カフェを取り入れてみよう。ワールド・カフェ
とは，Juanita Brown と David Isaacs が1995年に考案した多人数参加型の「対話式」による
コミュニケーション促進手法である。街中のカフェに見られるようなオープンな環境で，事
前に設定されたテーマに沿って気楽で自然な対話を行う[4]。ワールド・カフェでの話し合い
は通常3ラウンドから構成される。一つのラウンド（20分程度）が終わると一人だけテーブ
ルホストとしてその場所に残り，他の人は新たなテーブルに移動して，別な人と話し合う。
これを繰り返すことで議論を発展させていくのである。

　「教師へのとびら」では第5回にワールド・カフェを取り入れ，「いい先生ってどんな人？」
をメインテーマとして語り合うプログラムを設定している。テーブルホスト（進行係）は教
職経験の豊富な現職教員や大学院生が務める。ポイントは，高校生が大学生や現職教員らと
水平の関係で話し合える雰囲気をつくることである。この趣旨を理解してもらうために，テー
ブルホストには簡単な事前研修を実施している。また話し合いのテーマにも工夫を凝らして
いる。

【話し合いのテーマ設定について】
　第1ラウンドでは「記憶に残っている先生は？」，第2ラウンドでは「先生ってどうして必要なの？」
というテーマで話し合い，メインテーマである「いい先生ってどんな人？」というテーマが徐々に深ま
るように設定している。教師から生徒への知識の一方的伝達ではなく，ともに教育について考えるとい
う場の実現を目指している。

　ワールド・カフェは，「教師になる」ということについて自分とは異なる立場の人と対話
し，自分の考えを構築する機会である。グループディスカッションを中心とした知識創造型
のプログラムであるといってよい。本プログラムには，卒業生や修了生を含む教職経験年数
のさまざまな現場の先生方，大学院生，大学生も参加する。そうした人と同じテーブルで話
し合うことは，高校生にとって先輩の体験や考えを知る貴重な機会となるだろう。もちろん
緊張感を伴うこともあるだろうが，講演などの場では訊ねにくい個人的な質問や小さな疑問
も口にしやすい。進学や就職に関して個別的・具体的に話し合い，互いの考えを交流するこ
とで，高校生のキャリア意識は大きく成長するにちがいない。

現職教員や大学生らと，水平な関係で話し合う

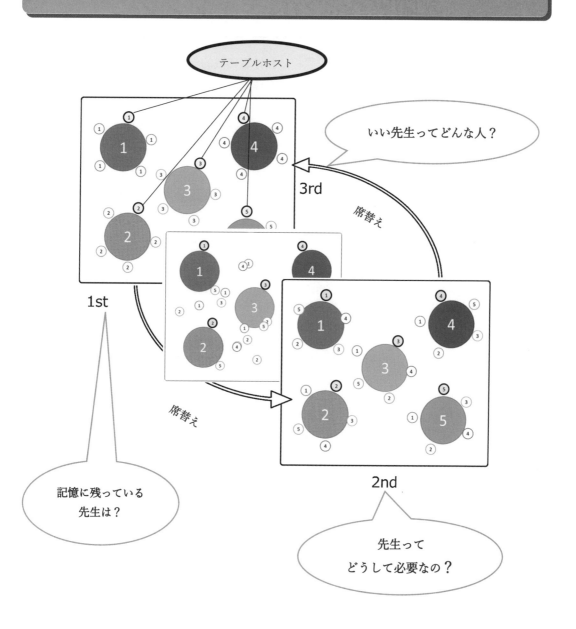

（詳細は，『教師へのとびら【改訂版】』の第15章を参照）

2-7 学校教育の現状・課題について知ろう③
教職実践演習にチャレンジ！

　高大連携カリキュラムの中に教員養成課程における実践的学修を取り入れることは，魅力的である反面，むずかしさも伴う。学習指導案を作成する，教材を開発する，模擬授業を実施するなど，教職実践を模擬的に体験してこそ学べることは少なくない。その一方で，各高校生が希望する校種や教科はさまざまであるし，教員になりたい気持ちにも温度差があり，どの受講生にもヒットするプログラムを開発することは容易でない。

　この問題を解決するために，筆者らは2019年度，「教職実践演習」のカリキュラムを参考にした新しいプログラムの開発に取り組んできた。「教職実践演習」は，教員免許の取得を希望する大学生が教員養成課程の総仕上げとして学修する演習科目だ。その内容として，文部科学省は次のような授業を例示している（文部科学省ホームページ[5]から抜粋）。

○　役割演技（ロールプレーイング）や事例研究，学校における現地調査（フィールドワーク）等を通じて，社会人としての基本（挨拶，言葉遣いなど）が身に付いているか，また，教員組織における自己の役割や，他の教職員と協力した校務運営の重要性を理解しているか確認する。
○　教育実習等の経験を基に，学級経営案を作成し，実際の事例との比較等を通じて，学級担任の役割や実務，他の教職員との協力の在り方等を修得しているか確認する。
○　いじめや不登校，特別支援教育等，今日的な教育課題に関しての役割演技や事例研究，実地視察等を通じて，個々の子どもの特性や状況に応じた対応を修得しているか確認する。
○　模擬授業の実施を通じて，教員としての表現力や授業力，子どもの反応を活かした授業づくり，皆で協力して取り組む姿勢を育む指導法等を身に付けているか確認する。

　これらはどの校種・教科にも求められる資質・能力であり，教師としてだけでなく人間として成長できる要素を含むものだ。教育学部で学ぶための資質能力にも重なる。

　こうした資料を参考にして開発した新しいプログラムが「教職実践演習にチャレンジ！」である。ここで取り組む具体的テーマとしては，次のようなものが考えられる。

・例1　特別の教科・道徳の学習指導案の一部を作成する。
・例2　校内で発覚したいじめ問題への対応をまとめたフローチャートを作成する。
・例3　特別活動や学級活動の一場面を取り上げたロールプレイを行う。
・例4　教員採用試験の過去問題の一つに対してグループで答えを検討する。

　プログラムの進め方としては，グループでテーマを一つ選び，高校生なりの問題解決に取り組み，他者に向けて発表し，専門教員の講話を聞くという流れが考えられる。

　学級経営や授業実践について深く考える活動を通して，教師を目指す高校生が教師の仕事の専門性に気づかされ，教職課程で学ぶ意欲がさらに高まるプログラムにしたい。

校種や教科を問わず求められる資質・能力を育むプログラム

教職実践演習の模擬的な体験

ピックアップ

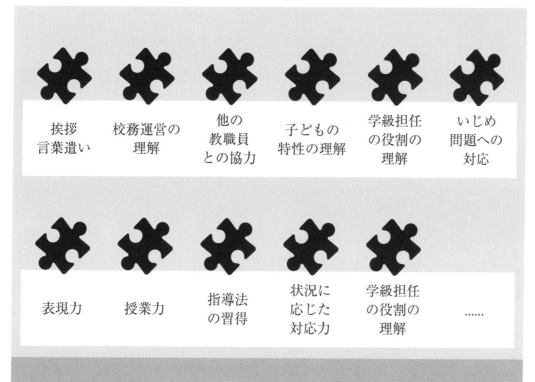

挨拶 言葉遣い	校務運営の 理解	他の 教職員 との協力	子どもの 特性の理解	学級担任 の役割の 理解	いじめ 問題への 対応

表現力	授業力	指導法 の習得	状況に 応じた 対応力	学級担任 の役割の 理解	……

教員に求められる資質・能力

2-8 大学生との協同学習①
指導法科目編

　「大学生と一緒に講義を受けよう」と題する「教師へのとびら」第3回のプログラムでは，教員免許状取得に必要な教科教育に関する専門科目の講義を受講する。受講生は全体会で提供される講義一覧と各科目についての説明に基づき，希望科目を一つ選び受講する。この回の特色は，高校生のみを対象とした模擬授業ではなく，大学で実施される半期15回の1回分の通常授業に参加するという点にある。現役の大学生と一緒に専門教育の講義を受けることで，教師になるために大学でどのような講義を履修するのか，大学生はどのようなことを考えているのかなどを，大学生との交流を通して体感することができる。

　ここでは指導法科目の一つである「英語科教育法II」を例に挙げる。「英語科教育法II」は中学校（1種）教員（英語）免許状取得のための必修科目，並びに，高等学校（1種）教員（英語）免許状取得のための選択科目である。本学の教育学部では大学2年生（以上）を対象とする科目として位置づけられている。例えば，同科目の「ICTと英語教育」というテーマの授業では，以下の手順で講義と演習の融合による協同学習を進めている[6]。

① 動画や資料を用いて，英語教育工学の歴史・動向や，小学校外国語活動と中・高の外国語（英語）科の授業におけるICT（Information and Communication Technology）の活用例を概観する
② 高校生と大学生の混同グループを作成する
③ 実践例を基に，外国語の授業におけるタブレット端末（iPadやタブレットPC）の活用方法をグループで考案し，10分間の模擬授業を実践する
④ リフレクション，まとめを行う

【写真】協同学習の様子

　上記③の演習課題に取り組む場面では，専門知識を有した大学生が高校生から意見を引き出しながら，それを基に「道案内の動画教材を作成する」（中学校），「佐賀県の好きな場所を紹介する（発表）」（小学校高学年）など，タブレット端末を用いた教材作成や言語活動を考案するといった学び合いが見られた（写真）。授業づくりは高校生にとって初めての経験で難しさを感じる一方，「これからの高校の授業も組み立てや教材など，もっと様々なことを考えながら受けたいと思った」，「小学生の実態に合わせて使う英語を考えたり活動を計画したりすることの重要性を学んだ」などの感想が多く寄せられていることから，大学生との協同学習に主体的に取り組み，授業を「受ける」から「つくる」，「教える」へと視点が転換していることがわかる。

対話を通して，授業を「受ける」から「つくる」，「教える」へと視点の転換が生まれる

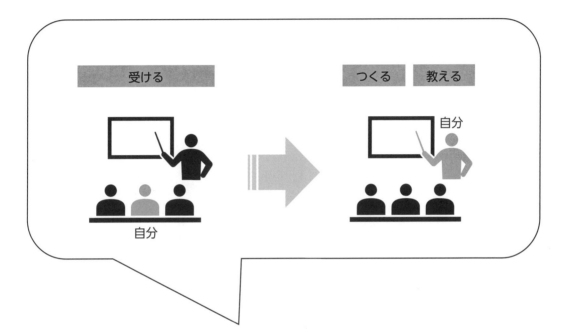

2-9 大学生との協同学習②
教科内容科目編

　第3回「大学生と一緒に講義を受けよう」のプログラムでは，指導法科目のほかに，各教科に関する専門的事項を扱う教科内容の科目も開講している。今日に至るまで，「小学書写」（国語科），「日本史要説」（社会科歴史分野），「世界地誌」（社会科地理分野），「体育心理学」（体育科），「食物学Ⅰ」（家庭科），「地球環境科学」（理科地学分野），「第二言語習得理論Ⅰ」（英語科）など，幅広い教科内容の科目において，高校生と大学生の協働学習が展開されている。

　その例として，ここでは「小学書写」（国語科）の実践を見ていこう。「小学書写」は，本学の教職課程では，小学校教員免許状取得のための必修科目である（ただし，2015年度入学生まで）。主に大学1年生を対象とし，書写の知識と技術および国語科書写の意義と指導法を習得することを目標としている。同科目の「硬筆を使用する書写の指導」をテーマとする授業では，「ひらがな」や「漢字かな交じり文」を鉛筆で書く実技に取り組みながら，他者に紹介したい本について説明する「読書紹介カード」の作成に取り組む（資料）。そして，高校生が参加する授業では，書写の観点から他者の読書紹介カードを評価することと，国語科書写指導の現状と課題を理解することの2つの目標を確認し，以下の手順で協同学習を進める。

① 大学生と高校生の混成グループを構成し，読書座談会を行う。大学生は自身の読書紹介カードの発表を行い，高校生は質問や感想を述べる。
② 教室内全体を展示会場とし，読書紹介カードの展覧会を行う。受講生は付箋を持ち，予め指定された作品に対して評言を書く。鑑賞後，大学生は自分の作品に寄せられた評言を読み，これまでの取組を振り返る。
③ 本時のまとめ（書写指導の現状と課題）と振り返りを行う。

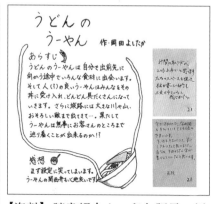

【資料】読書紹介カードと評言の例

　座談会では，大学生と高校生が，字大や行間，余白などの「国語科書写」の観点にふれながら本の内容やカードの出来映えについて対話を行う様子が見られた。授業後に，高校生から「相手や目的を意識して文字を書くことが大切だと分かった」，「書写の観点を学び，私も普段から余白や行間を意識していこうと思った」などの感想が寄せられた。さらに，「書写教育では書写とは習字でも書道でもないということを子どもたちに伝えたい」や，「書写は国語科と別ではなく一部であることを学んだ」という感想も見られた。大学生との協同学習を通して，国語科における書写の位置づけや，「手本の模倣中心」や「毛筆中心」といわれる書写指導の現状と課題など，書写に関する専門的理解が深められていることがわかる。

教科内容に関する的確な理解を育む

断片的,

経験(主観)的

理解

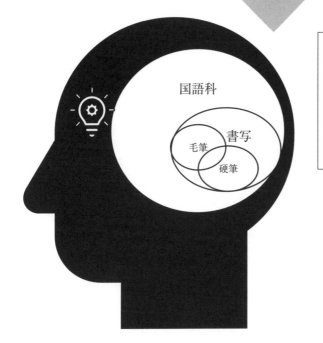

体系的理解,

知識の整理・

統合

2年次の「教職科目編」の協同学習は，1年次の「教科・科目編」の協同学習の基礎のうえに行われる。教職の専門性を総合的・包括的に理解するうえでは，教科だけでなく，学級経営，特別活動，生徒指導，進路指導などの内容に触れることも欠かせない。

次に示すのはこれまでに開講した講義内容の一部で，①は学部生対象の教職科目，②③は教職大学院生が受講する科目だ。高校生にとっては高度な内容が含まれるが，教材の工夫や，大学生・大学院生との能動的・協働的活動（アクティブ・ラーニング）の工夫によって，高校生がより参加しやすいものとなっている。

①講義：「初等道徳教育の理論と方法」
テーマ：初めての教科書を見てみよう
概　要：2018年度から始まった道徳の教科化。初めて検定教科書が使用されています。どんな教科書にどのような教材があるのか，実際に見てみましょう。これまでの道徳の時間との違いや，良くなった点，あまり変わらない点，心配な点，いろいろな角度から教科書について話し合いましょう。

②講義：「生徒指導・学校カウンセリングの基礎と課題」
テーマ：いじめとは何かを考えてみよう
概　要：「いじめはいけない」ことは，誰でも分かっているはずなのに，いじめはなくなりません。その理由の一つに，一人ひとりがイメージする「いじめ」の範囲が違うことが挙げられます。本講義では，具体的な行動に即して考えることで，いじめの理解を深めようと思っています。

③講義：「学力と学習評価の研究」
テーマ：人工知能は，ほんとうに学習できるのか？
概　要：人工知能（AI）の研究がブームになっています。そこでは「機械学習」，「ディープラーニング」と呼ぶように，人工知能が学習すると言います。そこで，人工知能の学習と人間の学習とは同じなのか，異なるのか，という問いを立てます。この問いにしたがって，身体と環境の視点から，学習について考察します。

②を受講した高校生の一人は，「教師の立場で考えたらいじめの境目は難しいし，生徒がいじめを先生に言いやすくするために，何が必要か考えさせられた」と述べたという。この学びを通し，高校生は在籍校の教員の姿勢や態度を捉え直し，キャリアの上で身近なロールモデルを見つけることにつながるだろう。教職科目の体験的受講を通して，「教師になったときに，何ができるか」に関する学びの意識をもつことができるのだ。

（詳しくは『教師へのとびら【改訂版】』第12章を参照）

身近で具体的なロールモデルを見つける

[問題]　　　　教科指導だけだと思っていたけれど…。

教職系の科目にも触れる

道徳　　　　　　生徒指導　　　　　研究と修養
特別活動　　　　カウンセリング　　（例）学力とは

教職の総合的な理解　　　ロールモデルの発見

とびらのメモ②　グループ学習の Dos と Don'ts

　「教師へのとびら」は，受講生一人ひとりがそれぞれの将来の夢や目標や応じて学びを進めていくカリキュラムである。そして，そのカリキュラムには，他者との意見交換や情報収集，分析などを伴うグループ学習が多く含まれている。協働的な活動を通して，「このような考え方もあるのか」，「自分とは違う視点だ」というように，同じ問いに対する多様な考え方や視点に触れながら，受講生は自らの教師観や進路観を見つめ直したり具現化したりしていく。しかし，グループ学習を行うことと個人の知識や価値観の創造は必ずしもイコールの関係ではない。実施方法によってその成果は大きく異なる。そこで，ここでは，教育効果が高まるグループ学習のための"Do"s（すべきこと）と"Don't"s（してはいけないこと）を整理してみよう。

Dos
◎　開始前にメンバーと挨拶を交わす（初対面の際は，簡単な自己紹介を行う）

◎　円滑な進行に向けて，役割（司会役，書記，タイムキーパーなど）を決める

◎　達成すべき課題とその内容について（再）確認し，見通しをもつ

◎　アクティブ・リスナー（active listener：相づちや反応などの「シグナル」を出しながら聞く能動的な聞き手）になる

◎　相手意識をもって，メンバーの様子を見ながら話す（反応を見ながら，話し方や情報提示の仕方を工夫するようにする）

◎　指名や引用を行う際は，メンバーの名前を述べる（○林さんはどう思いますか，△次の人はどうですか，○林さんの考えでは・・・，△先ほど出された考えでは・・・）

Don'ts
△　相手が話している時に個人の作業や課題とは異なる作業を行う

△　自分の発言時にのみ参加する

△　時間を意識せずに発言を行う（他者の発言の機会が失われる）

△　発言を拒否する，沈黙を貫く

△　相手の意見や考えに反応を示さない

△　自分と異なる意見や考えを受け入れようとしない（多様な意見に対する敬意の欠如）

とびらのヒント②

(1) 本章で取り上げたグループ学習の形態を3つ選び，それぞれのメリットとデメリットについて考えてみよう。

(2) 2－7で取り上げた教職実践演習の内容以外で，チャレンジしたい演習とその理由を考えよう。

(3) 大学生との協同学習（2－8～2－10）の中で特に効果的であると考えるものを1つ選び，その理由を話し合おう。

第 3 章

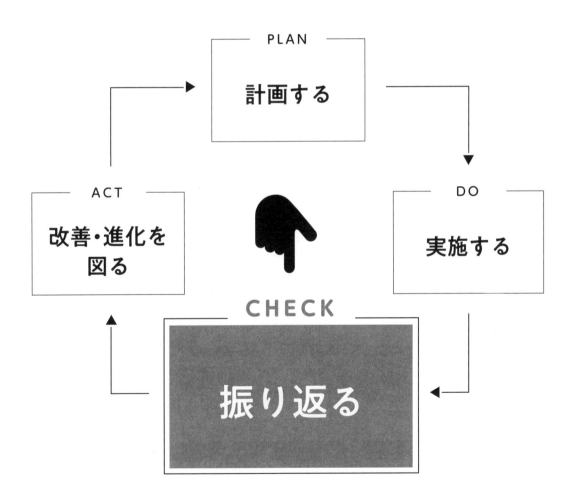

PLAN
計画する

DO
実施する

CHECK
振り返る

ACT
改善・進化を
図る

3-1 各回の振り返り 高校1・2年生

　各プログラムのメインメニューが終わったら，必ず個人とグループでのリフレクション（振り返り）を行う。「教師へのとびら」では，毎年第1回のプログラムで「とびらノート」というワークシートが収載された冊子を配付している（4-3，付録参照）。受講生は各回，各自のとびらノートに本日の目標や講義・講話内容についてメモを書き留めるようにしている。そのノートを用いて，まずはグループでリフレクションを行う。以下のような観点を設定すると良いだろう。

【リフレクションの観点例】
- 自分が立てた今日の目標を紹介しよう。
- 講演（講義）内容で重要だと感じたことを共有しよう。
- 講演（講義）内容で疑問を感じたこと，もっと知りたいと思ったことを共有しよう。

　グループ作業の後は，個人でリフレクションを行う時間を設ける。個人→グループの順で進めても良いが，グループ→個人の順で行うことには次のようなメリットがある。講演を聞いて分かったことや自分が考えたことについて，グループでの意見交換を踏まえて追加したい内容をまとめたり，自分と他者の意見は区別してまとめたりすることができ，より複眼的なリフレクションを促すことができる。グループ／個人作業の後は，全体でも数名のリフレクションを取り上げて共有し，次回の学びへの見通しを持たせるようにする。

　第4回の「ワールド・カフェ」（2-6参照）では，受講生同士だけでなく，大学（学部・大学院）生や現職教員とリフレクションを行う。その際，参加した現職教員から以下のような点について，全体へコメントをもらうようにしている。

- きょうのワールド・カフェはどうだった？
- 印象に残った話題や発言は？
- 自分の考えは変化した？
- 高校生や大学生に伝えたいこと

　受講生が興味をもつ教職の世界の最前線で活躍している現職教員，さらには，幼稚園，小学校，中・高等学校と校種が異なる教員からのメッセージほど，高校生（そして，教員志望の大学生・大学院生）にとって説得力のあるエールはない。それと同時に，現職教員も，高校生や大学生との対話を通して，自身の教師観や教師像を改めて整理・分析したり更新したりすることから，初心に戻る貴重な機会となるようである。学びの効果を最大限に引き出すために，各回の目標に沿って，具体的且つ多面的なリフレクションを心掛けるようにしたい。

目標に沿って,具体的・多面的に振り返る

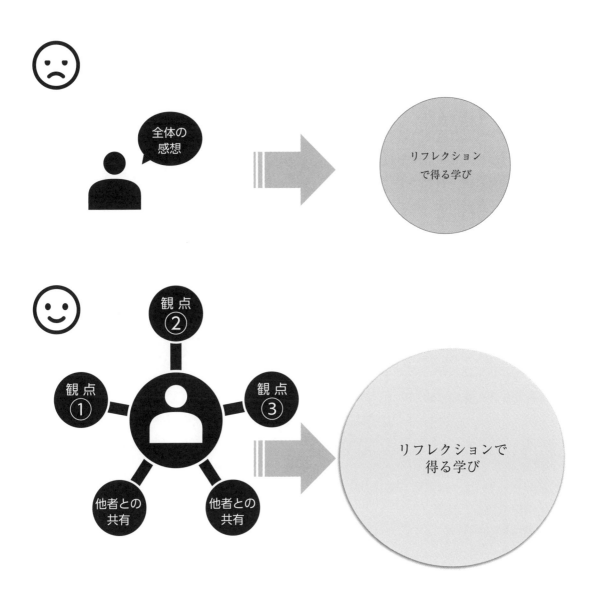

3-2 カリキュラム全体の振り返り

　高校生が受講する「教師へのとびら」のカリキュラムは3年にわたって続く。プログラムは合計7回あり，その内容は多岐に及ぶ一方，一回一回の開催間隔も大きくならざるをえない。そのため受講生は，一回一回のプログラムの内容は充実していても，それぞれの学びが個々ばらばらのまま，という状態に陥りやすい。学びが充分に統合されていないのだ。

　この問題を解決するのが，カリキュラム最終回（第7回）で取り組む「あとがき」の作成だ。あとがきは，これまでの学習経験を踏まえた知の再構築である。一回一回の学びだけではなく，カリキュラム全体を通して自分は何を学び，考えたのか。そして，自分はなぜ教師という職業を目指すのか。このような問いに向き合うことで，プロジェクトで学んだ経験を整理・統合する活動が，あとがきの作成・交流活動なのだ。

　「教師へのとびら」におけるあとがき作成の進め方は次の通りである。あとがきフォーマットの一例としては付録⑯を参考にしてほしい。

①**これまでの振り返り**（40分）：ポートフォリオ作成の意義を説明した後に，これまで蓄積したポートフォリオをひも解き，授業内容の確認や自分自身の学びの足跡を確認させる。その際，資料の配置などの再整理を行わせる。この作業を個人で行った後，グループを作りグループ内でそれぞれの経験と学んだことについて共有する。

②**あとがきの作成**（60分）：「あとがき」のフォーマットに従って，充分に時間をとり記入させる。なお，それぞれの項目について，記述内容と関連の深い資料がポートフォリオの中にあるのであれば，それが分かるように記述することを伝える。

③**発表の練習**（30分）：作成したポートフォリオについて他者と共有する前に，発表（プレゼンテーション）の方法について，簡単なレクチャーを行い練習する。

④**成果の共有と発表**（50分）：グループメンバーの中で，「あとがき」の内容について，各自発表を行う。1人当たりの持ち時間は約5分とする。全員の発表が終了したら，共に学んだメンバーを讃えるため，ハイタッチや握手を。

⑤**修了式**（30分）：代表者5名程度が発表を行う。

（詳細は，『教師へのとびら【改訂版】』の第16章を参照）

　あとがきを作成する活動のいいところは，何といっても，受講生一人ひとりが学習の意義を発見できる点にある。長期間にわたるカリキュラムにおいては，総括的な振り返りの時間を設けることで，学びの再構築と統合を効果的に促進することが重要である。

あとがきの作成と交流活動を

［問題］一回一回の開催間隔が大きいため，カリキュラムの学習経験がつながっていない。

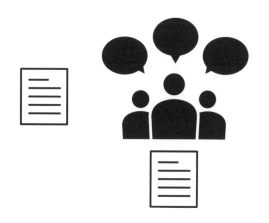

あとがきを作成し，他者と交流する。

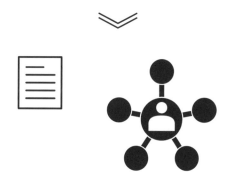

カリキュラムで学んだ経験を再構築することができる。

3-3 修了式での振り返り

　通常，第1〜6回のプログラムでは終盤にリフレクションの時間を設けるが，第7回のプログラムは少し内容が異なる。第7回は「教師へのとびら」の最終回となり，ポートフォリオをまとめた受講生（高校3年生）は修了証授与式に参加する（1-7参照）。修了証授与式では，高校1〜2年生の「教師へのとびら」生や高校・大学関係者を前に，代表者数名（3〜5名程度）が登壇し，ポートフォリオを基に成果発表を行う。

　ポートフォリオには，第1〜6回までに使用した資料や講義のプリント，要点をまとめたメモなどが収載されており，自分自身の成長の足跡をたどることができる（付録）。3年生はその記録をもとに，「教師へのとびら」で経験したこと，印象に残ったこと，新たな発見，今後の抱負などについて触れながら，約5分の口頭発表を行う。限られた時間内での発表になるため，プログラムの時間内（ポートフォリオを完成させる時間）に，以下のような発表の構成を示し，ポイントを絞ってまとめるようにすると良い。

> 【サンドイッチ構成で成果発表】
> ① **結論＋序論（15％）**：1番伝えたいポイントを最初に述べ，発表内容の場面設定を行う。
> ② **本論（80％）**：具体的なエピソード（印象に残ったプログラム，プログラムでの出来事，きっかけなど）やその重要性を裏付ける根拠を述べる。
> ③ **結論（5％）**：もう1度，重要なポイントを簡潔に述べ，抱負や展望を述べる。

　成果発表後は，「修了証」が授与される。「教師へのとびら」では，1年生から2年生にかけて行われる計6回のプログラムのうち5回以上出席し第7回でポートフォリオを作成した受講生に修了証を発行している。出席回数が満たない受講生については，受講証明書のみを発行する。修了証授与の後は，大学関係者（本学の場合，教育学部学部長と3年生クラス担当の大学教員）から一言ずつ贈ることばを述べる。2-4でも触れたが，ここでは，教師を目指すことの念押しではなく，「教師へのとびら」で学んだ知識や得られた経験・発見が，それぞれが踏み出す次のステップにつながることを再認識させたい。そのエールをもって，更なる自己の振り返りが促されるように働きかける。

　各回のリフレクションの積み重ねが最終回のプログラムにおける振り返りにより深みを持たせてくれる。そして3年にわたる成果を修了証や受講証明書という形で明示的に証明することで，高校生が積極的に取り組んできたことを学修成果として評価するほか，受講生がAO入試や推薦入試等でアピールできる材料ともなり得る。もちろん，大学入試のためという外発的な動機づけとなる部分が生じる点は避けられないが，大学進学前に，自らの進路を考える貴重な機会となり，キャリア教育的な視点からみれば有効である。

４年目のステップにつなげるための ３年間の振り返り

３年間の振り返り

成果発表

修了証／受講証明書

４年目〜

全体での振り返り

3-4 提出されたポートフォリオの記録をとる

　第7回のプログラムで作成したポートフォリオは，修了式の前に回収する。修了式で成果発表を行う代表者については，修了式後に回収を行う。受講生の所属高校は全員が同じではなく，受講生全員が揃う日は第7回が最後になるため，修了と同時に返却した方が効率的だという見方もある。一方で，回収することで，担当教員が受講生一人ひとりの3年間の成長（学びの軌跡）を総合的に把握した上でフィードバックを提供することができる。「教師へのとびら」は継続・育成型カリキュラムのコンセプトに沿って，「持ち上がり担任制」を採用している。したがって，担任（大学教員）は3年間同じクラスを受け持つ。3年生担当の教員を中心に，以下のような点に留意しながら，回収したポートフォリオの点検を行い，コメントを記入する。

【ポートフォリオの点検ポイント】

- 出席回数
- 配付された資料やノートの余白に書き留められたメモとその内容
- ポートフォリオのタイトル，また，それに込められた思い
- 各回の目標とそれに対する自己評価
- コメントを添える（例 「教師へのとびらは高校生活約1000日からするとたったの7／1000。しかしその7日が未来へのとびらを開くこともある。最初の一歩が大事。」）

　ポートフォリオはカリキュラムの精査や追跡調査など，成果検証を行う際に貴重なエビデンス（根拠資料）となる。そのため，返却前に，いくつか保管用にコピーをとると良い。

　「持ち上がり担任制」によりカリキュラムを通じた受講生の成長を把握できる一方で，毎回の評価についてはややハードルが高い。クラスは少人数制ではない（一クラス平均60〜80名，多いときは100名を超える）ため，一人ひとりのワークシートやその他の記録（講義の資料，メモなど）へのフィードバックを毎回提供することは厳しい。仮にできたとしても，返却するのは次回になり，受講生はプログラム外の時間で学修の内容を十分に振り返ることができない。なかには，未完成のワークシートを事後に完成させる受講生もいるため（2―2参照），一斉回収ができない場合もある。このようなばらつきを克服するためにもポートフォリオの活用は有効である。各プログラムの学修内容や成果物が一元的にまとめられているので，一人ひとりに対して一体的かつ総合的な評価を保証することができる。

【ポートフォリオのメリット】

- ○ 受講生，担任ともにカリキュラム全体の学びを一体的かつ総合的に把握・評価できる
- ○ 一人ひとりに応じたフィードバックが提供できる
- ○ カリキュラムの改善（ACT）に向けた評価や教育効果の検証を行う際のエビデンスとなる

一人ひとりの学びを一体的・総合的に評価する

 ポートフォリオ＝成長の足跡

とびらノート　　　名札　　　　　　講義資料，プリント，冊子など

一体的・総合的な評価

3-5 受講後に WEB アンケートを行う

　高大連携プロジェクトを企画・主催する主体が大学側である場合，大学側のアイデアばかりが先行してしまい，受講生や高校側のアイデアをくみ取りにくくなるという問題がある。「教師へのとびら」の場合にも，主催者（大学・学部），共催者（佐賀県教育委員会），参画者（現場教師や学生），受講生（高校生）には，それぞれのアイデアがあるはずだ。そのちがいを創造性に変えていくためには，フィードバックを得ることが重要である。そのためにはどうすればよいだろうか。

　高校生（受講生）からのフィードバックを得るために，「教師へのとびら」では，Webアンケートを実施している。作成にあたっては，Web上で提供されているフォームを活用した（GoogleやMicrosoft Officeから提供されているフォームは，自動的に集計され結果をダウンロードできるので便利）。設問は，多肢選択式と自由記述式を交え，10〜15分程度で回答可能な分量とし，回答期間は約1か月間としている。入力の依頼は，大学が管理する受講者登録システムを通し，高校生にメールを送信した。アンケートの質問内容は次の通りである。

○　所属校，学年
○　「教師へのとびら」の受講を決めた理由，受講状況（継続中か受講を中止したか）
○　前回（当該年度第3回）のプログラムを受講した感想
○　タイムテーブルやカリキュラム設計について（開始時刻，活動時間，実施回数）
○　カリキュラム全般の感想（印象に残っていること，勉強になったこと）

　2019年度のアンケート回答率は約31％（調査対象となる受講登録者全315名中99名）であった。自由記述欄には，「たくさん学ぶことがあって，教育にますます関心をもちました」「同じ夢をもった仲間とも出会うことでいい刺激を受けました」「佐賀大学を志望するきっかけになりました」という肯定的な意見の他，「冬のあいだ期間があくので，もう少し回数を増やしてほしいです」「テスト期間に被っているのでもう少し調整してもらえるとありがたいです」といった提案もあった。また，右頁の図は受講動機を集計した結果だ。教師になろうか迷っている生徒にも一定のニーズがあることがわかる。

　理想かもしれないが，高校生・高校教員と大学生・大学教員とによって協働的に構築されるのが高大接続カリキュラムの本来の姿なのではないだろうか。カリキュラムづくりに参画する権利は，主催者にだけでなく高校生にもあるのだから。受講後アンケートを高校生によるカリキュラムづくりへの参画の一環と捉えて，大切にしていきたい。

高校生が参画するカリキュラム開発の一環と捉えて

［問題］　受講生側のアイデアをくみ取れていない。

Web によるアンケートを活用する

カリキュラム改善のヒント，新たなニーズが得られる。

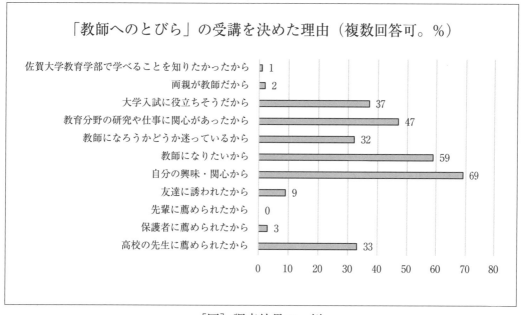

「教師へのとびら」の受講を決めた理由（複数回答可。％）

佐賀大学教育学部で学べることを知りたかったから	1
両親が教師だから	2
大学入試に役立ちそうだから	37
教育分野の研究や仕事に関心があったから	47
教師になろうかどうか迷っているから	32
教師になりたいから	59
自分の興味・関心から	69
友達に誘われたから	9
先輩に薦められたから	0
保護者に薦められたから	3
高校の先生に薦められたから	33

［図］調査結果の一例

3-6 現場教師からフィードバックを得る

　フィードバックを得る重要性については3−5でも述べたが，ここでは現場教師による
フィードバックに焦点を当ててみよう。「教師へのとびら」のテーマは学校教育だ。現場の
先生方は，日々，実務と研修に努めている学校教育の専門家である。つまり，現場教師から
もたらされる意見は「教師へのとびら」のカリキュラム改善にも直結するのだ。

　そこで，高校教員はもちろんのこと，プロジェクトに参画した各種学校の現職教員から
フィードバックを得る機会を設定し，事業の評価・改善に役立てることが大切になる。「教
師へのとびら」の場合には，次のような機会を設けている。
① 　プログラムに参加した感想を，当日その場で現職教員に話してもらう
② 　地域の研究会や校内研修会等の場を利用して意見をもらう
③ 　書面，WEB，メール等による事後アンケート調査を実施する
④ 　特別なセッションやフォーラムを設定する

　他にもいろいろな方法があるだろうが，双方にとって負担が少ないのは①と②の方法だろ
う。プログラムのその場で話してもらったり，別の研修会等で声をかけたりして，反応をリ
サーチする。こうした機会が，大学と地域の高校（さらには幼稚園，小中学校，特別支援学
校）との実質的な連携を築くのだ。

　しかし，フィードバックの本当の価値は，それが参画者である現場の先生方一人ひとりに，
その経験を意味づける機会をもたらすことにある。たとえば，ある教員はワールドカフェ（2
−6）の中で，「教師へのとびら」の意義を次のように語ってくれた。

　今日参加してみて思ったのは，教員になってもならなくても，先生という仕事について考えることは
自分のためになるなぁ，ということです。私もいま実際に2年目でそうなんですけど，先生をやってい
るからこそ客観的に自分のことを見れます。例えば人と話している時，口角が上がっていた方が印象が
良いなとか，ごみが落ちてる時，拾ったほうがいい人に見られるよな，というように，先生という職業
を考えていると，自分のことを振り返って見れるというか，自分のことを客観的に見て成長できるんじゃ
ないのかなと。だから高校生の皆さんがいまここにいることは，将来，先生になるかどうかは関係なく，
意味があるなあと感じました。
（中学校教諭，Y）

　現場教師からのフィードバックは，これまでにも貴重な示唆を与えてくれた。たとえば「教
師へのとびら」は現職者の教員研修としても役立つことや，「教師へのとびら」のカリキュ
ラム内容を改善する視点などである。その一部を，第4章のなかで紹介したい。

さまざまな機会で
参加した経験を意味づけてもらう

プログラムに
参加した現職教員

その場で

別の研修会で

Webで

特別なセッションで

3-7 他のメンバーからフィードバックを得る

　より良いカリキュラムへと改善を図る上で，他者からのフィードバックは大切にしたい。参加した現職教員や（3－6参照），プロジェクトメンバー間の振り返りも大事であるが（3－8参照），それ以外のメンバーからのフィードバックも主に以下の2点で有効である。

①　複眼的なフィードバックが得られる

　各プログラム後に，「サポーター教員」に良い点や課題点についてのアンケートや聞き取り調査を行う。サポーター教員とは，「教師へのとびら」において，プロジェクト担当の教職員のほかに，第3回と第6回のプログラムで教育学部や教職大学院の授業を開講する大学教員のことを指す（2－7～2－9参照）。サポーター教員からは，それぞれの授業科目の性質を捉えた協同学習のあり方や，カリキュラムにおける当該プログラムの位置付け等についての複眼的なフィードバックを得ることができる。

②　修了者の追跡・学習状況の把握が行いやすい

　「教師へのとびら」修了者が大学に進学した後に，所属大学の担当教員（チューター教員や卒業論文研究指導教員など）と連携を取るようにする。「教師へのとびら」受講時と大学進学後における当該学生の学修状況や教師観について情報を共有することで，接続されている学びについて理解することができる。同時に，「教師へのとびら」の教育効果の持続性についてのフィードバックを得ることができる。

　①と②を効率よく行うための第一ステップは，大学内外における「教師へのとびら」の周知を徹底することである。筆者らは，教育学部や教職大学院に所属する教員全員が，各プログラムの内容やカリキュラムの全体像を把握できている状態を目指すために，専用ホームページやポスターの活用，成果発表会・ワークショップの実施など，広報活動の充実化を図っている。

　学外については，主に県内の高等学校関係者を対象に，ホームページやポスター等に加え，成果をまとめた書籍や論文執筆にも取り組み（4－7参照），成果発信に努めている。これは，単に，新規受講生や本学入学者獲得を目的とするものではない。教育学部並びに教職課程における学びの可視化を促し，大学入学前の準備教育や進路指導等，高校での学びとの接続を強化するためである。

「外」からも効果を検証する 🔍

☑ 内（プロジェクトメンバー）だけでなく，外からの「風通し」も
よくして，より良いカリキュラムを目指す

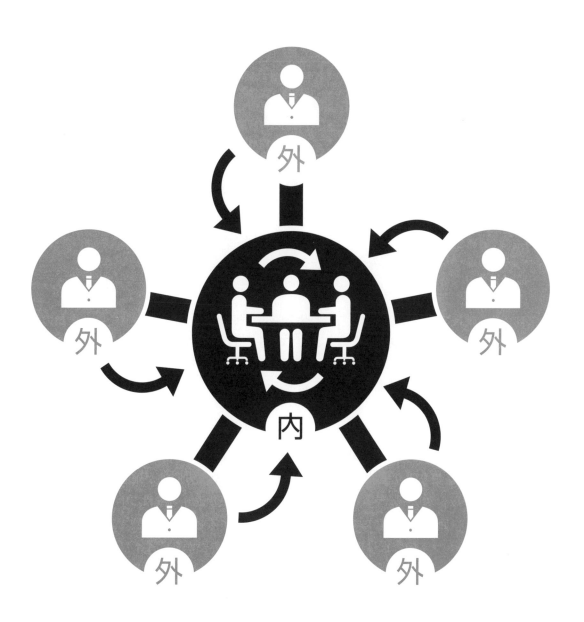

3-8 プロジェクトメンバー間で振り返る

　プログラムが終わったら，プロジェクトメンバー間で振り返りを行うようにする。そこでは，全体の運営や担当クラスの実施状況等について自評と他者からのフィードバックを踏まえながら，プログラムを総合的に評価する。その振り返りをもとに改善案を作成し，次回のプログラムに向けた担当者会議や事前打ち合わせを行うと良い。

【担当者間の打ち合わせ＜議題例＞】
（1）第1回プログラムについて
　　＜1年生＞　＊
　　＜2年生＞　＊
　　＜3年生・修了式＞　＊
　　＜その他＞

＊各学年に関する情報共有及び審議内容
・　出席者・欠席者数
・　回の目標と内容の一貫性，学びの深さ（質保証）
・　学習活動の時間配分の適切さ
・　欠席者への対応　成果発信，広報活動について　など

（2）ポートフォリオの点検について
　・合計〇〇冊（数冊選定し，複写・保存）
　・点検手順，期限
（3）第2回プログラムについて
　・日時，目標と内容
　・「ワールド・カフェ」参加者の募集について
（4）その他

　プログラム前後で担当者会議や打ち合わせを開くことは有効であるが，メンバー全員の日程調整が叶わないことや，調整を図ろうとして時間や労力を要するような場合も生じる。その場合は，適宜，emailやオンラインクラウドサービス等を利用した意見交換／投稿（アップロード）を行うなどして「働き方改革」を進めていくことも望ましい。

　各回の振り返りは，書面や音声，電子媒体等で「データ化」して記録・保管すると，後に取り組む学会での口頭発表，成果報告書や論文等の資料作成がスムーズに進みやすい（3-10，4-7参照）。振り返りを共有・分析することで，新たな方向性が確立される。実際に，「教師へのとびら」カリキュラムは進化を重ねている。振り返りを重ねる中で，プログラムの間隔を縮小し（回数を増やし）て学びの一貫性を強化する必要性が確認できている（3-2参照）。カリキュラムの修正は慎重を要する作業である。だからこそ，プロジェクトメンバーが密に連携し，「外」と「内」の両方の視点を生かして，カリキュラムの改善・進化を図ることが大切である。

振り返りと密な連携でプログラムをはさむ

打ち合わせ

メール会議

資料の共有，
意見交換

電話連絡

第一回プログラム

振り返り，次回の
打ち合わせ

メール会議

振り返りの
記録・保管

資料の共有，
意見交換

電話連絡

第二回プログラム

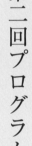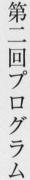

3-9 追跡調査を実施する

　「教師へのとびら」は，2016年度に３年間のカリキュラムを終えて完成年度を迎えた。新規受講生の数は，始動年度の2014年から３倍近くまで増加している（下図参照）。そして，2021年度には，第１期生の中から学校の教壇に立って授業を行う教師が誕生する。本学にも，修了後も教員を目指し，教員採用試験対策を進めている大学生（とびら修了生）が在籍している。とびら修了生は高校３年間の「教師へのとびら」の後，どのような道を歩み始めたのだろうか。年々どのぐらいの割合の受講生が教員養成系の学部に進学しているのだろうか（グラフ参照）。また，教師とは異なる道を選んだ受講生の割合はどうだろうか。追跡調査を行うことで修了生の「その後」が明らかになると同時に，「教師へのとびら」における学びの接続性や持続性についても理解を深めることができる。

【図】初回参加者数（高校１年生）の推移

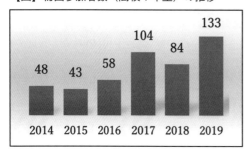

【グラフ】修了者の進学先の推移

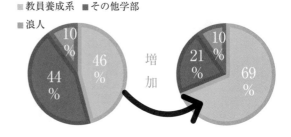

　追跡調査を行うタイミングは，その目的や趣旨によって異なる。筆者らは，「教師へのとびら」の持続効果について，以下で示すような学修状況や進路決定の目安となり得る節目を中心に，複数回にわたり，長期的なスパンで検証を行っている。

【追跡調査のタイムライン例】

① 大学１年目（４〜６月）：「教師へのとびら」から大学入門期への橋渡しはスムーズに行われているかを確認することができる

② 大学進学３年目（１〜２月）：大学３年次の後半にあたり，教育実習を終えている時期，または卒業後の進路が具体化している時期である。

③ 大学４年目（２〜３月）：この時期は，高校３年間と大学３年間の計６年間の学びを踏まえた教師観を引き出すことができる。進路がほぼ確定している③の時期では，選定理由や選定に至る経緯について聞き取りを行う。

④ 社会人１年目〜（2021年度以降）：この時期は，教員として，「教師へのとびら」の７年間のカリキュラム（高校３年＋４年間）の学びとその成果を振り返ることができる。

追跡調査から見えてくる
「７年間カリキュラム」の教育効果

Year 3
「教師へのとびら」修了
（高校３年間）

Year 4 大学１年次
大学入門期の学びへ接続

Year 6 大学３年次
学修の深化、実習体験、
進路の具現化

Year 8 教員１年目
教員としての意気込み、
７年間の振り返り

Year 7 大学４年次
進路決定

3-10 年度ごとの事業報告書をつくる

　プロジェクトを円滑に遂行するためには，所属する教職員の理解と協力を得ることが必要不可欠である。しかし，「プロジェクトの存在自体は知っているが，実際にどんなことに取り組んで，どんな成果が上がっているのかについてはよく分からない」というような反応が，大学における組織的プロジェクトにはしばしば見受けられ，なかなかプロジェクトの認知度が高まらないという課題が生じる。「教師へのとびら」も当初はそうであった。一部の教員だけが取り組んでいるという印象では，組織的な協力体制は生まれにくい。学部・研究科に所属する教員みなに認知され，応援されているプロジェクトであってこそ，受講する高校生や在籍する大学生は安心して取り組み，見守ることができるはずである。

　そこで，年度末には一年間の実績を総決算した「事業報告書」を作成し，教職員に配付するようにしたい。プロジェクトの中身を教職員に周知する方法にはいろいろある。会議で連絡したりメールを出したりするのも有効であろう。しかし，それだけではすぐに忘れられてしまう。そこで，一目見てその年度の事業内容が伝わる紙媒体をすすめたい。紙面の報告書を会議で配付したり，教員の個人ポストに入れたりする。PDF データも同時に保存しておくとよい。これは何かと便利である。大学の運営サイドに報告したり，次年度のプロジェクトの予算申請書に添付したり，高校やメディアへの広報資料として提供したりすることができるからだ。

【報告書作成のポイント】
　重要なポイントは，表紙に「トピックス」の欄を設けることである。たとえば次頁の「教師へのとびら」事業報告書の表紙（例）には，その年度の目玉となる取組として「『教師へのとびら』出身者が参画するプログラムを実施」と「ICT 教材を用いた授業づくり等を計画」を掲げている。
　またその内容は，「1. トピックスの詳細」「2. 参加実績」「3. プログラム概要」「4. 参考資料」の4部構成としている。グラフや写真を用いて視覚的に示すとさらによいだろう。

　表紙を読んでもらえるだけでも大きな前進だ。トピックスは多くの教職員にプロジェクトを印象づける役割を担っている。大学運営の民営化に伴って，何かと「新規性」や「拡充実績」が求められるのが今日の日本の大学である。そうした風潮の是非はともかく，こういったトピックスを設ければ，大学や学部のアピール材料として理解してもらいやすい。報告書を学生や大学院生，地域の学校教員に配付し，意見交換会を開くのもよいだろう。

学内の教職員に
プロジェクトを印象付けるために

佐賀大学とびらプロジェクト
「教師へのとびら」
平成 30 年度 事業報告

事業報告書　表紙（例）

> その年度の
> 目玉となる取組

＜トピックス＞

■ 「教師へのとびら」出身者が参画するプログラムを実施

■ ＩＣＴ教材を用いた授業づくり等を計画

■ 「大学生と一緒に講義を受けてみよう」に過去最多の計 10 講義を開講

■ 平成 30 年度日本教育大学協会研究集会にて「教師へのとびら」のこれまでの成果を
　発表

■ 3 年生 25 人に修了証授与。カリキュラム初回参加者は過去 2 番目に多い 84 人

■ 『教師へのとびら【改訂版】―継続・育成型高大接続プロジェクトの開発と展開―』
　を上梓

■ 学部・研究科教員 5 名から構成される「教師へのとびらＰＴ」による運営

> ＜報告書の内容例＞
> 1．トピックスの詳細
> 2．参加者・受講者数の実績
> 3．プログラムの概要

とびらのメモ③　評価方法の種類

　本章では，ACT（改善・進化を図る）につなげるためのCHECK（振り返り）のあり方について，さまざまな視点を生かしたプログラムの評価方法を示しながらまとめている。これは，小・中・高等学校のカリキュラムにおいて児童・生徒の学習状況の評価を行う際にも重要となる視点である。ここでは，小・中学校外国語科の例を用いながら，学校現場で用いられている評価方法について，学校教育全体で育成を目指す資質・能力（1－2参照）に対応した評価の観点ごとに整理して紹介しよう[7]。

【知識及び技能】 外国語の音声や語彙，表現，文法，言語の働きなどを理解しているか，また，それらに関する知識を，聞くこと，読むこと，話すこと，書くことによる実際のコミュニケーションにおいて活用できる技能を身に付けているかどうかを把握するための観点。

> ➢ **主な評価方法**
> ① 行動観察（言語活動への取組状況の観察）
> ② 授業内に用いるワークシートへの記述内容の分析
> ③ ペーパーテスト（例：小テストや定期テスト等における知識・技能を問う問題）

【思考力，判断力，表現力等】 外国語によるコミュニケーションを行う目的や場面，状況などに応じて，日常的な話題や社会的な話題について，簡単な情報／要点／概要を理解したり，理解した内容を活用して表現したり伝え合ったりしているかどうかを把握する観点。

> ➢ **主な評価方法**
> ① 授業内に用いるワークシートへの記述内容の分析
> ② ペーパーテスト（例：小テストや定期テスト等における概要や要点を捉える問題）
> ③ パフォーマンステスト（現実社会と関連のある文脈において，身に付けた知識や技能を総合的且つ創造的に活用することを求めるテスト）

【主体的に学習に取り組む態度】 外国語の背景にある文化に対する理解を深め，聞き手，読み手，話し手，書き手に配慮しながら，主体的に外国語を用いてコミュニケーションを図ろうとする態度や意思的側面を見取るための観点。基本的に「思考力，判断力，表現力等」と一体的に評価される。

> ➢ **主な評価方法**
> ① 行動観察（言語活動への取組状況の観察）
> ② 振り返りシートやワークシートにおける自己評価や相互評価の状況
> ③ パフォーマンステストの結果

とびらのヒント③

(1) ポートフォリオ評価には，紙媒体によるものと，電子化されたeポートフォリオが存在する。自分にはどちらか適しているか考え，その理由を話し合いましょう。

(2) 本章で取り上げたカリキュラムの評価方法を比較し，特に効果的だと思うものを選び，その理由や根拠をまとめましょう。

(3) 7年目以降の追跡調査を行う意義はあると思いますか。その場合，どのタイミングで行うと良いでしょうか。理由や根拠を示しながら意見をまとめましょう。

第4章

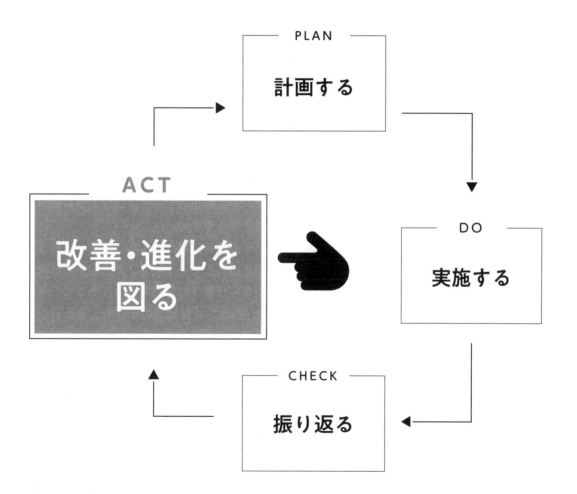

4-1 カリキュラム全体を見直す

　各プログラムの振り返りや年度報告書にまとめた事業内容や成果（第3章）は，次につなげなくてはならない。つまり，カリキュラムのさらなる改善・進化を図る段階に入る。本項では，まず，カリキュラム全体の仕組みや事務的な手続きに関する改善について詳しく見ていく。学修内容については，4－2以降で述べる。

　検討内容はその年度の取組や成果によって異なることが予想されるが，「教師へのとびら」では，これまでに，以下の3点について改善を図ってきた。

【カリキュラム改善，継続的な発展に向けた3つの視点】
　①実施回数　　　　　　②プロジェクトの体制　　　　　　③授業開講の曜日

　①実施回数については，3－2や4－4でも触れているが，現行のカリキュラムでは，プログラム一回一回の間隔が大きい。特に，第3回と第4回，第6回と第7回はそれぞれ約7ヶ月も空いてしまう。それでは，プログラム間の学修経験がつながりにくく，カリキュラムの一貫性は伸び悩んでしまう。そこで，筆者らは試行的に1年目と2年目の年度末（2〜3月）にそれぞれプログラムを1回追加し，合計9回のプログラムから構成される新カリキュラムの実施に取り組んでいる。この時期にプログラムを1回追加すると，プログラム間の間隔は約3ヶ月となって均一化され，学修内容の定着を図りやすい。

　次に，②プロジェクトの体制については，メンバーの増員に取り組んだ。始動から約5年間は教員3名と職員2名程度の少人数体制で3学年を担当していた。各クラスの担任は教員が担当するため，これでは，欠員が許されないというギリギリの体制である。そこで，筆者らはまず，所属学部において，学部委員会の業務と同様に，「教師へのとびら」を正式な学部業務として位置付けてもらうこと，並びに，増員要望を提出した。それにより，学部内の各教員グループ・講座からそれぞれ教員を選出することが可能になり，専門分野の偏りが解消された。今では，言語・社会，理数，実技系科目，教職分野の教員が揃っている。

　③授業開講の曜日は，第3回及び第6回「大学生と一緒に講義を受けよう」に関係する。同プログラムは，「教師へのとびら」のための特別講義ではなく，通常の授業の1回分を高校生にも開講するという仕組みになっている。しかし，高校生は正課外（所属高校でのカリキュラム外の時間）で参加するため，第3回及び第6回のプログラム（大学の授業開講）も週末に実施している点で「通常の授業」でなくなっている。その結果，大学の担当教員も通常の授業1回分を移動させる手続き（教務・学生への事務連絡）を踏まなければならない。今後，本プログラムの継続的な実施・発展を目指す上で，大学教員への負担も考慮しながら，大学の正課内での実施（例：金曜日5時限目）を視野に入れた実施計画・検討を進めていく必要がある。

持続可能な体制を整える

 進化し続けるのための体制づくりに向けて

＜カリキュラム全体を見直す際のポイント＞

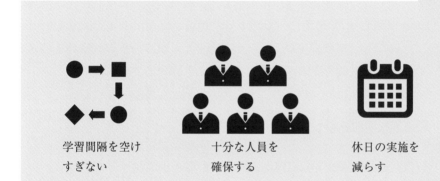

学習間隔を空け
すぎない

十分な人員を
確保する

休日の実施を
減らす

2020　　　　　　2021　　　　　　2022　　　　　　2023

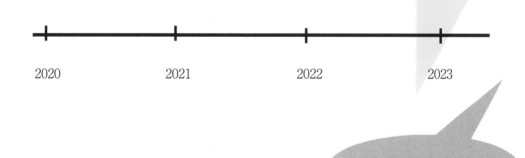

To be continued...

4-2 カリキュラム内容を見直す

　カリキュラムの構成とともに，学修内容の見直しも忘れてはならない。「教師へのとびら」における喫緊の課題は，プログラム間の学びの一貫性を高めることである（3-2，4-1参照）。その一環として，1年目と2年目にそれぞれプログラムを1回追加し（4-1参照），学校教員として働く中で直面する実践的課題に沿った演習を設定する。既習事項と関連付けながら課題解決に取り組むことで学修内容の定着が促されるとともに，教職課程での学修や教職実践への意欲や理解の高まりが期待できる。

　例えば，「教職実践演習にチャレンジ！」（2-7参照）の回を1年生と2年生のカリキュラムに追加する。その際，学年別に演習課題を設定するとよい。高校1年生は，第1～3回の計3回のプログラムを通して，教師という仕事の魅力や，教科内容・指導法科目の受講体験を経験している（第2章参照）。2年生は，教師や学校現場が直面する諸問題やその中での教師の役割についての理解や，現職教員や大学院生とのグループワーク，教職科目の受講体験などを経験し，教師という職業をより多面的に捉えることができている段階である。カリキュラムの進行に連動した課題には，以下のような演習が例として挙げられる。

【高校1年生用　教育実践演習課題：教材分析，授業づくり】
（例）道徳の読み物資料を読み，その教材が包含する主題に沿った発問を考えよう
【高校2年生用　教職実践演習課題：教育課題に関してのロールプレイング】
（場面設定の例）学校として生徒会を中心にボランティア活動を活発に行っています。しかし，ボランティア活動担当の先生から，「先生のクラスはほとんど参加者がありません。」と言われました。ボランティア活動の意義を伝え，参加を促す学級で指導を行ってください。

　「実践演習」と称したプログラムであるので，可能な限り，現職教員とのコラボレーションが実現するようにしたい。現職教員は，課題の場面設定や，受講生の個人やグループでの取組内容やその成果に対する指導・助言を担当する。学校現場が抱える課題についての「生の声」を聴くことで（机上の空論ではなく）演習に臨場感が増し，受講生が自らの進路や教師像との関連性を見出しやすくなるだろう。

　高校3年生についてはどうだろうか。3年間の「教師へのとびら」カリキュラムを終え，教員養成系の学部（免許を取得できる学部を含む）に進学した受講生は約7割に及ぶ（3-9参照）。そこで，カリキュラム修了時から大学進学までのブランクを埋め，教職課程へのソフトランディングを促すために，「大学入学準備教育」の一環として上記のような演習課題を実施する。ただし，3年生については大学入試や卒業などの関係で，実施可能期間は大幅に限られる。筆者らの経験では3月が最も現実的である。カリキュラム修了後に実施する場合，eラーニング教材として自主学習用に提供することも有効かもしれない（本学における「大学入学準備教育」の詳細は，『教師へのとびら【改訂版】』の第20章を参照）。

学習内容の定着を促すための
統合的・発展的な課題設定を行う

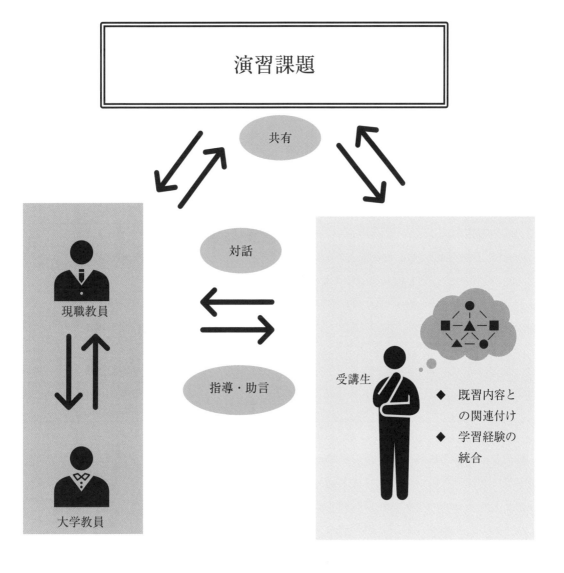

4-3 教材を見直す　とびらノートの開発

　「教師へのとびら」では，第1回目のプログラム時に，受講生にポケット付きクリアーブック（ファイル）を一人一冊配付し，配られるプリントや資料を，その回毎に収めていくよう指示を出していた。しかし，回を重ね，資料の量が増え，整理や管理がうまくいかない受講生が目立つようになった。例えば，プログラムの順番に関係なくポケットに資料を収めていて後から探すのに一苦労している。資料をポケットに収納せず，クリアーブックに挟んだままにしていて破損または紛失している。このような状態では，ポートフォリオ作成・評価の際に，資料が揃わず，十分な振り返りや評価が行えないことになる。

　そこで，筆者らは，第1〜7回で用いる以下のワークシートを全て一冊に収載した「とびらノート」の開発に取り組んだ（付録参照）。初版の「とびらノート」は，管理の利便性・効率性を考慮し，ノートの背の部分（スパイン）をクリアーブックと合わせてリングバインダーとし，ノートを一冊丸ごとファイルに収納できるデザインになっている（写真）。

【「とびらノート」の内容】

ワークシート名	ワークシート名
・表紙（最終回までに自分で記入。名前を付ける）	・第4回のプログラムで記入
・「教師へのとびら」のカリキュラム	・第5回のプログラムで記入
・その名前をつけた理由（最終回までに自分で記入）	・第6回のプログラムまでに記入
・第1回のプログラムで記入	・第6回または最終回で記入
・第2回のプログラムまでに記入	・第6回のプログラムで記入
・第2回のプログラムで記入	・最終回のプログラムで記入
・第3回のプログラムで記入	・資料をまとめるときに（ポートフォリオの見出しなどに）

　講演者や大学の講義担当者からその回で配付される資料やワークシートについては，従来通り，配付される毎にクリアーブックのポケットに収納するようにした。「とびらノート」があることで，カリキュラムを通じた学びが概観でき，見通しをもつことができる。そのほか，全体の各回で配付資料の数は大幅に減り，受講生は管理しやすくなると同時に，担当者（大学教員）も事前の準備量が減り負担が軽減される。

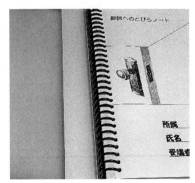

【写真】リング式ファイル対応「とびらノート」（初版）

見通しをもって効率良く学ぶための教材「とびらノート」の誕生！

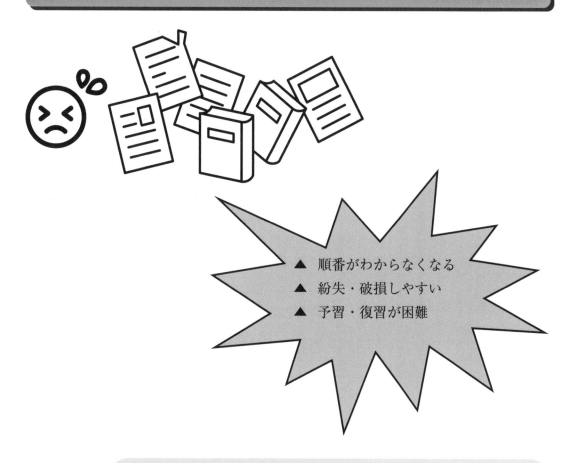

▲ 順番がわからなくなる
▲ 紛失・破損しやすい
▲ 予習・復習が困難

◎ 全ワークシートが一冊に収載
◎ ３年間の見通しがもてる
◎ 管理しやすい
◎ 準備がしやすい
◎ 振り返りがしやすい

教師へのとびらノート

所属　　　　　高等学校
氏名
受講者番号

4-4 e ラーニングへの展開を試みる

「教師へのとびら」への新規受講生は初年度（2014年度）の53名から133名（令和元年度）へと大幅に増え，2016年（平成28年度）には修了生一期生を輩出した。そして，2021年度以降は，いよいよ教壇に立って学校教育の現場で活躍する修了生が続出する。一方で，「教師へのとびら」を「修了生」として終える受講生の割合は2020年の時点で7割程度に留まっている。2014-2020年の6年間のデータを見る限り，2年生の前半（第4・5回）に受講生数が大きく減る傾向がある。高等学校や教育委員会と連携して日程調整を行っているものの，高校によっては部活動や他の行事と重なることがある。そこで受講生が「継続的な参加が厳しい」と諦めたり，1回分の遅れから次回の参加を億劫に感じるようなことがないよう，欠席者や遠隔地に居住する生徒へのフォローに取り組む必要がある。

そこで我々が取り組んでいるのは，対面型授業による現行カリキュラムにe ラーニングを取り入れることである。まずは試行的に，現体制で無理なく（スタッフ増員や高額な物品購入をすることなしに）できる範囲で，以下のような教材作成及び公開に取り組んでいる。

【e ラーニング教材作成・公開のステップ】
- これまでに実施した講話・講演（第1回，4回プログラム）や，開講した大学の授業の映像／資料（第3回，第6回プログラム）を収めた動画／電子ファイルの作成
- 本学の教職員がアカウントを有するオンラインストレージ上にアップロードする
- アップロード先の URL を受講者に配信

講話・講演に関しては，講師や受講生の許可を得て録画した映像を使用する。大学の授業については，理科や家庭科，体育など，実験や実技を伴う科目の授業風景を収めた動画や，授業で使用した資料を電子化している。例えば，第3回プログラムで開講する「英語科教育法Ⅱ」では，以下のように，授業中に提示する Microsoft PowerPoint（PPT）のスライド資料を用いた動画ファイルをe ラーニング教材として使用している。

【e ラーニング教材例　第3回プログラム「英語科教育法Ⅱ」】
　以下の手順に沿って，授業中に使用した PPT の資料に，授業者の音声や活動のデモンストレーションに用いた動画等を挿入して動画ファイルを作成する。
① PPT の「スライドショーの記録」機能を使って PPT 画面の録画を行う。
② 必要に応じて，別途音声ファイルや写真・画像，動画ファイル等を挿入する。
③ PPT の「エクスポート」メニューの「ビデオを作成する」オプションを選択し，動画ファイルを作成する。
　スライドの枚数や大容量ファイルが挿入されると，③のエクスポート（動画ファイルへの転換）の処理に時間がかかる。しかし，Office 機能付きのパソコンが一台あれば担当者一人で十分に行えるので，人的・経済的コストが抑えられすぐに実行しやすい。

対面授業とeラーニングの融合により，継続性を保証する

| 対面授業 | ＋ | eラーニング |

【教材例】 ＊
- 実験や実技活動の映像
- 講演・講話の映像
- 講義資料のファイル　　　など

＊各教材には課題の指示内容も含まれる

第1回　　　　　　　　　第2回　　　　　　　　　第3回

継続的な参加，受講機会の拡充

4-5 教職大学院の大学院生とのセッションを行う

　高大連携プロジェクトの改善・深化を図るためには，高校生や大学生だけでなく，地域社会で活躍する現役世代の意見を聞くことが重要である。実務に精通した立場からの提案には実効性が伴うからだ。それは，大学，地域，教育委員会等が連携してものごとを動かす際に大いに役立つ。しかし，意見を得る機会は案外得られにくい。

　そこで，実施しようとする高大連携プロジェクトに関わって，大学，地域社会，職場（学校）の橋渡しとなるような存在が身近にいないだろうか。「教師へのとびら」の場合は，教職大学院の大学院生たちだった。そこには，地域の学校現場から派遣された経験豊富な大学院生が在籍している。その大学院生とともに，「教師へのとびら」カリキュラムの今後の改善点を検討するためのセッションを開いたことがある。

　本セッションのなかで，公立高校から派遣されたある大学院生が，アドミッション・ポリシー（入学者受け入れ方針）との連携について次のように話してくれた。

　……私たちがこういうプロジェクトに参加しなさいって言うときは，もう本当に現実味の話で，例えば推薦やAO入試につながってるよっていうところで，そこで引き付けないと，部活動の大会と重なったときとかは，もうそっちに流れちゃうんですね。やっぱり部活動をしてたほうが推薦より有利とか自分たちも思ってるし，大会でポイントを取ったほうが有利って思ってるので，その「教師へのとびら」のプロジェクトで，例えば**その多面的・総合的評価入試とか推薦入試で，佐賀大学がどういう子どもたちを求めてるのかとか，教師になったらどういう資質・能力を持っておくことが必要で，それを育てていこうと思ってるのか**っていうのが，この「教師へのとびら」と少し関連してて，それが明確であって，第何回ではそういう資質・能力をちょっと見るような活動が入ってるとか，（…中略…）これをすることによって，こういう資質・能力を見ているよとか，育てられるよとかが，その評価につながるようなものであると，もっと子どもたちに，これに参加するといいよって言えるっていうのがあって……。

　要するに，「教師へのとびら」の各プログラムと大学のアドミッション・ポリシーとの結びつきを明確にすれば，教員としても高校生に参加を促しやすくなるというのだ。現場で進路指導に当たってきた高校教員ならではの意見だと思う。これを参考に，我々はいま「高大接続カリキュラムとアドミッション・ポリシーの連携モデル」を作成しようと考えている。

　「高大接続カリキュラムとアドミッション・ポリシーの連携モデル」の目的は，「教師へのとびら」と教育学部における学修のつながりを社会にわかりやすく示すことだ。高校側も事業の意義を理解しやすくなり，高校生の進路指導に役立つだろう。大学側にとっても，求める学生像をアピールするよい資料となるはずだ。

実務家ならではの意見は
カリキュラム改善に役立つ

[問題]　部活動のほうが優先されてしまいがちな高校現場。

高大接続カリキュラムとアドミッションポリシーの
連携モデルを策定する。

高大接続カリキュラムへの参加を促しやすくなる。

4-6 他の取組との比較分析を行う

　「教師へのとびら」以外に，国内ではどのような取組が行われているのだろうか。オープン・キャンパスや出前授業など単発的な取組は幅広く展開されているが，「教師へのとびら」のような「継続・育成型」のプロジェクトは非常に少ない。奈良県教育委員会と奈良県内の6大学が連携して取り組んでいる「県次世代教員養成塾」はその数少ない取組の一つである。

　2018年に始動した「県次世代教員養成塾」は小学校教員養成に特化した，全国初の高大接続の取組である。奈良県内の高校生を対象に，6年間継続して小学校教員としての人間力や情熱，指導力を早期から養うことを目的としている。同取組のカリキュラムは前期（高校2～3年）と後期（大学4年間）に分かれ，高校・大学・地域社会の密な連携により実施される。前期は連携大学で月1回程度，計10回のプログラムを実施し，後期は奈良県教育委員会が主体となり社会体験活動やインターンシップ，講義・演習等を通した実践的な学びが展開される。カリキュラム修了者には奈良県公立学校（小学校）教員採用試験の教職経験特別選考に相当する受験資格が付与される。

　高大接続のあり方については，海外の例も参考になる。例えば，アメリカで実施されているAP（Advanced Placement）プログラムがある。APプログラムは，高校教員が一定の学力に達した高校生に大学1－2年次レベルの科目を提供し，大学の学修内容との接続を図ることを目的としている。日本でも（分野ごとの学術研究や研究者養成をミッションに据える）研究型大学を中心にAPプログラムの導入の可能性が検証されている[8]。

　「教師へのとびら」のカリキュラムを考える際に，「県次世代教員養成塾」や「APプログラム」の例からどのようなことを学べるだろうか。実際に比較してみると，以下のような特長や課題点をより客観的に把握することができ，カリキュラムの分析・改善に生かすことができる。

比較① 「県次世代教員養成塾（奈良県）」と「教師へのとびら」

　「継続性，専門性，地域性，波及効果」の4要素（1-1参照）が含まれている点は「教師へのとびら」と共通している。一方で，修了実績が小学校教員採用試験の受験資格にカウントされるという特徴があり，「教師へのとびら」に比べ，キャリア（社会への出口）との結びつきがより実質化されている。これは，地域社会との「強度」の連携がより可視化されていて独自性が高い証とも言える。

比較② 「APプログラム（アメリカ）」と「教師へのとびら」

　APプログラムでは，受講生は大学進学後も高い学力や学習意欲を維持していることが報告されている。しかし，県内の高校生全員を対象としている「教師へのとびら」とは異なり，対象が限定的（成績優秀な高校生のみ対象）であることや，修了生の追跡調査が少ないことから，キャリア意識の醸成・向上への持続効果は明らかではない。

他の取組から学ぶ姿勢を持ち続ける

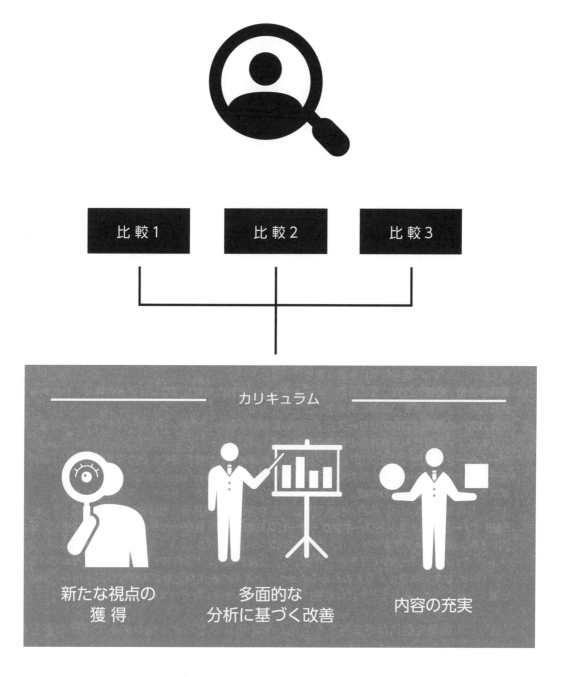

4-7 成果を発信する

　成果発信は，カリキュラム改善・進化を図る上で重要な作業となる。我々は，「教師への
とびら」を業務の一環で取組む「内部の」（＝大学内で完結する）プロジェクトではなく，
文献研究，仮説生成，データ分析，考察など科学的な手順に則りその成果を検証する「教育
研究プロジェクト」として位置付けている。そこで得られた成果は，論文・書籍執筆や学会
発表，ホームページ（HP）の更新などを通して，学内外に幅広く発信する。それにより，
関連領域に興味がある地域の人々とのつながりや，教育・研究者のコミュニティーが広がり，
プロジェクトの発展に生かせる新たな視点を得ることや，取組の波及効果を把握することが
できる。

　学内での成果発信の一環として，年度末に作成する事業報告書について 3 － 10で述べた。
ここでは，より幅広く，学内外において，成果が可視化されるための成果発信について見て
いく。我々が取り組んでいる活動を中心に，以下が例として挙げられる。

① **学内紀要論文の執筆**：学内の実践報告論文集や研究論文集に投稿する。査読無し論文となるが，刊
　行後はオープン・アクセスとなるので，幅広い読者層が得られる。

② **国内の関連領域の学会誌・学術雑誌に投稿する論文執筆**：査読を要することが多いため①よりは刊
　行までの時間を要するが，刊行前に（匿名の）査読者よりフィードバックを得ることができ，論文
　の質を一層高めることができる。

③ **海外の学術誌に投稿する論文投稿**：「教師教育（Teacher Education）」や「教員養成（Pre-service
　Teacher Training）」は国内に限定されず，海外でも長い歴史をもつ領域である。英語での論文執
　筆も行い，海外への成果発信にも取り組む。

④ **書籍の執筆**：書籍の性質にもよるが，成果をまとめた書籍の場合，プロジェクトの趣旨・目的から
　実践内容，分析結果まで詳細に網羅することができる。

⑤ **マスコミへの掲載（プレスリリース）**：学内の広報室を経由してプレスリリースを行う。その後，
　反応次第で，新聞社や出版社等の記事の取材に応じる。

⑥ **ホームページの活用**：学内の HP に，プログラムの実施報告や書籍刊行などの情報を掲載し，随時
　更新するようにする（佐賀大学教育学部 HP の例：http://next.pd.saga-u.ac.jp/）[9]。

⑦ **ポスターやパンフレットの作成**：「教師へのとびら」単独でのポスターや，学部紹介のパンフレッ
　トに一部掲載するなどし，県内の教育委員会や高等学校等の関係者に配付を行い周知を図る。

⑧ **SNS（ソーシャル・ネットワーキング・サービス）の活用**：「教師へのとびら」では受講生に，学
　内の「高大連携プログラムシステム」という Web システムを用いたメール登録を促しているが（2
　－ 1），それ以外にも SNS で「教師へのとびら」公式アカウントを作成し，情報配信を行っている。
　SNS の中には年齢制限があるものもあるため，それぞれの使用規定や個人情報の取り扱い（個人
　が特定される写真の掲載など）には厳重に注意しながら使用しなければならない。

　上記以外にも成果発信にはさまざまな方法が考えられるだろう。低コストで遂行できるも
のもあれば，人件費や印刷費などの経費が発生するものもある。プロジェクトの継続的な実
施・発展やメンバーへの負担軽減のためにも，予算獲得は必至である。我々は，学内の競争
的な教育研究予算枠や外部の競争的資金制度に申請をし，予算の確保に努めている。

成果を可視化し，
カリキュラムの発展につなげる

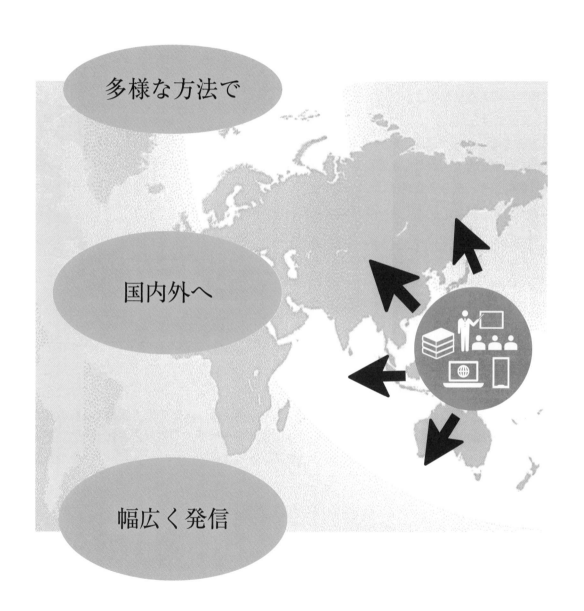

多様な方法で

国内外へ

幅広く発信

4-8 他領域への応用① 科学へのとびら

　「教師へのとびら」の発展に伴い，本学では他の学問領域においても「とびらプロジェクト」[10]が実施されている。本項ではまず，「教師へのとびら」に次ぐ，とびらプロジェクト第2弾「科学へのとびら」について見ていこう。

　「科学へのとびら」は，理系分野に関心がある佐賀県内の高校生を対象に，佐賀大学（主に理工学部と農学部）と佐賀県教育委員会の主催で行われている高大連携プロジェクトである。高校生は3年にわたり，合計7回のプログラム（1・2年目は年に3回，3年目は1回）に参加する。講話や課題研究の決定・遂行・発表を通して，「科学」を発見・探求できる多面的な視点を育て，新たな自身の適性や科学への興味・関心を見出すことを目的としている。

　「教師へのとびら」と同様に，継続的なカリキュラムを展開している点は大きなポイントである。そのほか，以下のような特徴がある。

【「科学へのとびら」ここがポイント！】

○　佐賀県内の高校生を対象（課題研究があるため1年生からの参加のみとする）
○　課題研究は高校で研究グループを構成して実施（体験型企画で代替可能）
○　eポートフォリオ「まなBOX」（https://www.learning-innovation.go.jp/db/ed0035/）のショーケースで成果を報告
○　1年生から継続的に参加し，修了要件を満たした者への修了証を授与
○　熱意をもってプログラムに参加できる人を求める

　次頁の図で示すように，講義と演習を組み合わせることにより，高校と大学間の学びを接続するカリキュラムが運用されていることがわかる。例えば，大学の担当教員と高校教員が密に連絡を取りながら高校生の研究指導を行う「リサーチ活動」が組み込まれている。そのほか，高校生が大学を訪問して大学院生の研究テーマや活動内容に触れたり，1日研究体験に取り組むなどの体験型企画が実施されている。

　そして，「教師へのとびら」と大きく異なる点は，ポートフォリオ（学習過程における個人の技能・考え・興味・成果などの証拠をまとめた文章，資料集）の活用である。「科学へのとびら」はeポートフォリオを活用しているのに対し，「教師へのとびら」は紙媒体のポートフォリオを用いている（1−7参照）。紙媒体には設備を選ばない（AV機器やインターネットの環境がなくても使用可）という利点はある。一方で，電子媒体の場合，学習過程におけるあらゆる成果を一元的に管理し可視化できるため，自己評価やカリキュラム全体の評価を効率よく行い，その成果を高校・大学・地域（家庭）へと幅広く発信しやすい。

継続・育成型カリキュラムで，科学への興味・関心を高める

<3年間のプログラムのイメージ> ※詳しくは「科学へのとびら」HP を参照[1]

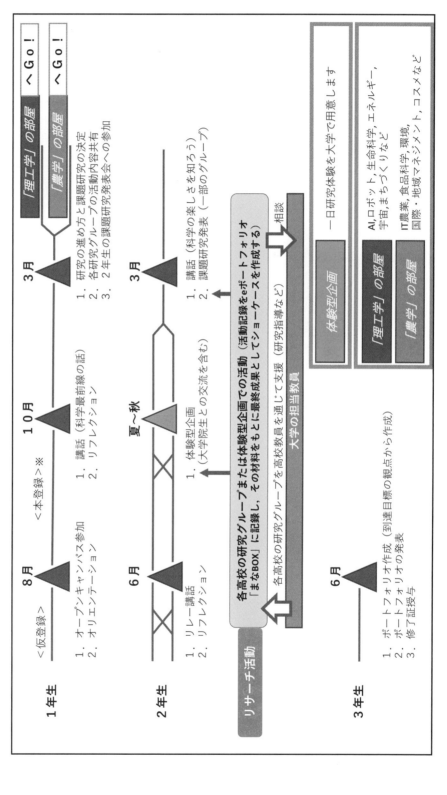

1年生

8月
<仮登録>
1. オープンキャンパス参加
2. オリエンテーション

10月
<本登録>※
1. 講話（科学最前線の話）
2. リフレクション

3月
1. 研究の進め方と課題研究の決定
2. 各研究グループの活動内容共有
3. 2年生の課題研究発表会への参加

「理工学」の部屋 →Go！
「農学」の部屋 →Go！

2年生

6月
1. リレー講話
2. リフレクション

夏～秋
1. 体験型企画
（大学院生との交流を含む）

3月
1. 講話（科学の楽しさを知ろう）
2. 課題研究発表（一部のグループ）

リサーチ活動

各高校の研究グループまたは体験型企画での活動（活動記録をeポートフォリオ「まなBOX」に記録し，その材料をもとにショーケースを作成する）

各高校の研究グループを高校教員を通じて支援（研究指導など）

相談

大学の担当教員

体験型企画　一日研究体験を大学で用意します

「理工学」の部屋　AI，ロボット，生命科学，エネルギー，宇宙，まちづくりなど

「農学」の部屋　IT農業，食品科学，環境，国際・地域マネジメント，コスメなど

3年生

6月
1. ポートフォリオ作成（到達目標の観点から作成）
2. ポートフォリオの発表
3. 修了証授与

4-9 他領域への応用② 医療人へのとびら

次に紹介するとびらプロジェクトは「医療人へのとびら」である。「教師へのとびら」,「科学へのとびら」に次ぎ,2017年（平成29年）にとびらプロジェクト第3弾として開講したカリキュラムである。

「医療人へのとびら」は,将来,医師を目指す高校生を対象とする。継続的な参加を通して,段階的に大学での積極的な学びにつなげることを目的とし,以下を参加資格として示している点が特徴である。

【「医療人へのとびら」参加資格】
- 佐賀県内にある高等学校の1年生
- 医学への志を持ち,医学・医療により社会に貢献したいと考える人
- 熱意を持って本プログラムへ参加したいと考える人
- 欠席することなく継続的に参加できる人

「教師へのとびら」,「科学へのとびら」と同様に,継続・育成型カリキュラムであるため,募集対象は高校1年生とする。各回のプログラムは,本学において年2,3回程度実施され,高校生は講話や大学での体験学習,グループ討論,ポートフォリオの作成等に参加する。

【「医療人へのとびら」ここがポイント！】
○ 各プログラムは,講話や体験学習,グループ討論などを含んだメニューで構成
○ 各回とも,目標設定,振り返りの時間を設け,学びの記録をポートフォリオとして整理
○ 全プログラムに出席し,ポートフォリオを作成した者には修了証を授与（出席回数に関わりなく,受講生全員に,受講証明書を発行）
○ 参加希望者が多い場合は,選考を行うことがある
○ 本プログラムの参加実績が,本学の入試において有利になるわけではない

「医療人へのとびら」では,2020年度に第1期修了生を輩出する。修了生がどのようなみちを歩んでいくのだろうか。どのように医学・医療に携わっていくのだろうか。医療人になってとびらプロジェクトをどう振り返るのだろうか。今後の追跡調査において,修了生の「その後」が明らかになることが期待される。

高校3年間と大学6年間で「未来の医師」を育成する

<＜3年間のプログラム（計8回）のイメージ＞※

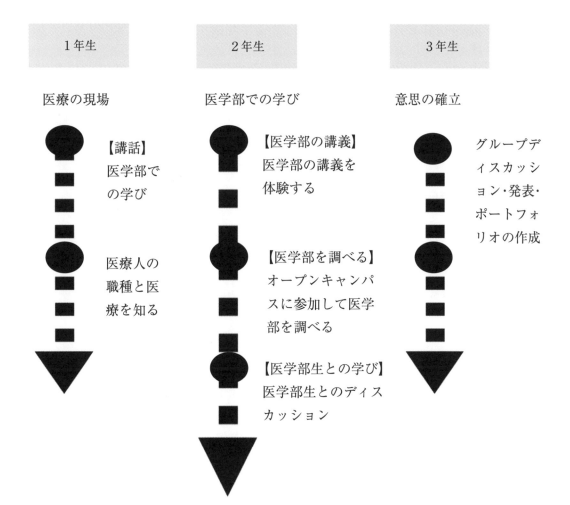

| 1年生 | 2年生 | 3年生 |

医療の現場　　　　医学部での学び　　　意思の確立

【講話】
医学部で
の学び

医療人の
職種と医
療を知る

【医学部の講義】
医学部の講義を
体験する

【医学部を調べる】
オープンキャンパ
スに参加して医学
部を調べる

【医学部生との学び】
医学部生とのディス
カッション

グループディ
スカッシ
ョン・発表・
ポートフォ
リオの作成

※詳しくは「医療人のとびら」ホームページ[12]を参照

4-10 他領域への応用③ 社会へのとびら，アートへのとびら

　「医療人へのとびら」に続き，とびらプロジェクト第4弾となる「社会へのとびら」が2018年度に開講した。佐賀県内の高校生を対象に，経済，経営，法律などの社会科学分野への興味・関心を涵養することを目的としたカリキュラムである。

　佐賀大学経済学部を中心に展開する「社会へのとびら」では，合計8回（1・2年次は年3回，3年次は2回）のプログラムから成るカリキュラムを通して，大学や社会で求められる基本的な素養を身に付けることを目指す。具体的には，以下のポイントで示すような，グループワークやディスカッション等における言語活動を通して，「読む」，「書く」，「話す」力を総合的に育んでいく。そのほか，「まなBOX」の活用により，対面のみならず遠隔での学習支援が行える体制が整えられている[13]。

【「社会へのとびら」ここがポイント！】

○　年1冊以上の文献を読了し「読む力」を身に付ける
○　文献の内容要約やレポート作成によって「書く力」を身に付ける
○　他の受講生とのディスカッションや意見交換を通して「話す力」を身に付ける
○　授業時以外の期間にも，インターネット教育システムの「まなBOX」を活用して，質問，課題提出，資料の送付，受講生間の意見交換など双方向のコミュニケーションを行う

　とびらプロジェクトは「社会へのとびら」の後も拡充を続け，2019年度に，第5弾となる「アートへのとびら」が始動した。本学芸術地域デザイン学部を中心に実施する「アートへのとびら」は，計7回（1・2年次は年3回，3年次は1回）のプログラムを通して，アートの持つ多様性や，地域や社会の中でアートの果たす役割について学び，アートへの新たな視点を育むことを目的としている。本庄キャンパスと有田キャンパスにおいて，講義や実地見学，体験学習などの多様な学習形態が取り入れられている点が特徴である[14]。

【「アートへのとびら」ここがポイント！】

○　本庄キャンパスで学ぶ：基本構成のプログラムは1回60分の講義を2種類ずつ受講
○　有田キャンパスで学ぶ：産地を体感し焼き物を学ぶ
○　本物を学ぶ。作品や資料などの実物，美術館における実地見学など
○　各回とも振り返りの時間を設け，学びの記録を蓄積していく
○　1年生から継続的に参加した者へ修了証を授与する
※本プログラムへの参加実績が，本学の入試に有利に働くことはない

学問的な興味・関心を継続的に高めていく
領域横断型のカリキュラムへ

「とびらプロジェクト」でつながるネットワーク

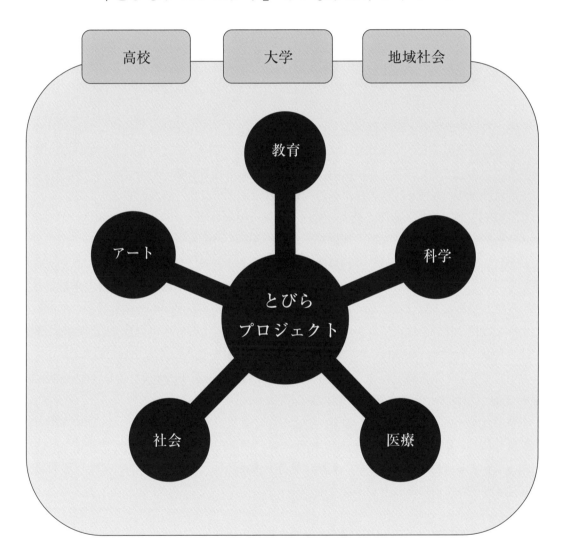

※「とびらプロジェクト」の概要はホームページを参照[10]

とびらのメモ④　カリキュラム・マネジメントについて

カリキュラムは何のためにあるのだろう？　例えば小学校１年生では80字の漢字を学ぶことになっているが，80字の一覧表を授業で配付して「覚えなさい」と言うだけでは身につかない。効果的に習得させるには，「人」→「休」，「木」→「本」のように漢字の構成から系統づけたり，身近な生活場面に関連づけたりすることが重要である。

「教師へのとびら」も同じである。いきなり「本当に教師を目指したいのか考えてみなさい」と言われても，高校生にとっては何をすればよいかわかりにくい。しかし，３年間のプログラムを通して教育学部の学修や教師の仕事について具体的・実感的に勉強できる道筋があれば，目標に到達しやすくなる。カリキュラムは効果的に学ぶためにあるのだ。

では，カリキュラム・マネジメントとは何だろうか？　専門的には，各学校が教育目標を達成するために組織としてカリキュラムを開発・改善していくことと定義されている。また，カリキュラム・マネジメントには次の３つの側面があるとされている[15]。
（１）教科横断の側面：複数の教科を組み合わせることで目標を達成しやすくする。
（２）PDCA サイクルの側面：計画・実施・評価・改善のサイクルを構築する。
（３）外部資源を導入する側面：地域や家庭との連携した教育活動をつくる。

しかし，このような一般論では具体的な教師の姿をイメージしにくいので，ここでは別の見方を示してみよう。それは，カリキュラム・マネジメントとは**自前で教科書を作る**ことだという見方である。自分の担当するクラスや教科の教科書をみずから作成するとしたら，どのような教材を使いたいだろうか。既存の教材を利用することも多いだろうが，教室の児童生徒の実態に合わせ，地域の特色も生かして，新たな教材を加えたくもなるだろう。カリキュラム・マネジメントの第一歩は，教師自身が，目の前の学習者に応じて，学ぶ目標・内容（教材）・方法（学び方）を考え続けることなのだ。

本章では，一度出来上がった「教師へのとびら」のカリキュラムを見直し，他の取組と比較検証したり，新たな教材や学習方法（eラーニングなど）を開発したり，他領域への応用を図ったりする局面を述べてきた。それは見方を変えれば，「教師へのとびら」の「教科書」をリニューアルすることともいえるだろう。

これからは教育をつくるという視点で世界を見てみよう！　高校生や大学生のみなさんは，これまでは学校のカリキュラムや教科書を絶対的・固定的なものと捉えてきたかもしれないが，これからは相対的・可変的なものとして捉えてみてほしい。つまり，だれかが作ったカリキュラムや教科書を受けとめるだけでなく，それらを自分で作り直すとしたらどうするかを想像してみよう。次世代の教育的ニーズを捉えて新たなカリキュラムを作り出すことは，教師の専門性あってこそ可能になるのだ。

とびらのヒント④

(1) 「カリキュラム」の定義を本で調べたうえで，次の点について話し合いましょう。

・論者による捉え方の違いはないか。

・「カリキュラム」は一般的に「学校の教育課程」と訳されることが多いが，もともとはどういう意味なのか。

(2) 本章では複数の「とびらプロジェクト」を取り上げてきたが，それらは「教師へのとびら」のカリキュラムをどのように応用しているだろうか。①引き継がれた要素，②変更された要素，③新たに加えられた要素に分けて，表にまとめましょう。

(3) 対面型授業と非対面型授業（e ラーニング等のオンライン授業）にはそれぞれどのような長所，短所があるか。また，対面型授業でしか学べないことは何だろうか。教員養成系学部での学修を想定し，根拠や理由を明らかにして話し合いましょう。

引用・参考文献（【項目番号】）

1. 【1−1】児美川孝一朗（2017）「「高大連携」から「高大接続改革」へ」『主体的学び別冊』（特集：高大接続改革）主体的学び研究所.

2. 【1−3】文部科学省（2019）『教員免許制度の概要（平成31年4月1日版)』
　URL：https://www.mext.go.jp/a_menu/shotou/kyoin/1339300.htm（2020／03／31アクセス）

3. 【1−9】竜田徹・林裕子（編著）（2018）『教師へのとびら【改訂版】Pathways to Being a Teacher―継続・育成型高大接続カリキュラムの開発と展開―』東京書籍

4. 【2−6】アニータ・ブラウンほか著，香取一昭ほか訳（2007）『ワールド・カフェ～カフェ的会話が未来を創る～』ヒューマンバリュー.

5. 【2−7】文部科学省「教職実践演習（仮称）について」
　URL：https://www.mext.go.jp/b_menu/shingi/chukyo/chukyo0/toushin/attach/1337016.htm（2020／03／31アクセス）

6. 【2−8】林裕子（2016）「ICTと英語教育について考える高大連携授業の実践と成果―「教師へのとびら」における取組を通して―」佐賀大学教育実践研究，第33号，203-210.

7. 【とびらのメモ③】国立教育政策研究所（2020）『「指導と評価の一体化」のための学習評価に関する参考資料』（小学校外国語活動・外国語，中学校外国語）
　URL：https://www.nier.go.jp/kaihatsu/shidousiryou.html（2020／03／31アクセス）

8. 【4−6】郭暁博（2015）「研究型大学における高大接続の可能性―AP（Advanced Placement）プログラムに注目して」『京都大学大学院教育学研究科紀要』，61，313-325.

9. 【4−7】佐賀大学教育学部ホームページ「『教師へのとびら Pathways to being a teacher』が刊行されました。」
　URL：http://next.pd.saga-u.ac.jp/news/1909251058.html（2020／03／31アクセス）

10. 【4−8～4−10】佐賀大学アドミッションセンター『とびらプロジェクト』
　URL：http://www.sao.saga-u.ac.jp/admission_center/reform/tobira/（2020／03／31アクセス）

11. 【4−8】佐賀大学アドミッションセンター『科学へのとびら』
　URL：http://www.sao.saga-u.ac.jp/admission_center/reform/tobira/science/（2020／03／31アクセス）

12. 【4−9】佐賀大学アドミッションセンター『医療人へのとびら』
　URL：http://www.sao.saga-u.ac.jp/admission_center/reform/tobira/medical/（2020／03／31アクセス）

13. 【4－10】佐賀大学アドミッションセンター『社会へのとびら』

URL：http://www.sao.saga-u.ac.jp/admission_center/reform/tobira/social/（2020／03／31アクセス）

14. 【4－10】佐賀大学アドミッションセンター『アートへのとびら』

URL：http://www.sao.saga-u.ac.jp/admission_center/reform/tobira/art/（2020／03／31アクセス）

15. 【とびらのメモ④】田村和子ほか編著（2016）『カリキュラムマネジメント・ハンドブック』ぎょうせい.

あとがき

　普段の授業やゼミ指導で接している学生が，一度教壇に立つと別人に見えることがある。スーツのせいだろうか。いや，どうも違う。緊張している様子がうかがえる一方で，どこか一段と頼もしく，表情や話し方が生き生きとしている。そこに立っているのは，「使命感」と「やる気」に満ちた未来の教師である。我々はこういう時に，教員養成の魅力ややりがいを実感する。

　「教師へのとびら」においても，7回という限られた回数ではあるが，受講生の変容ははっきりと見て取れる。初回のアイスブレーキングで恥ずかしがっていた受講生や，グループディスカッションで聞き手に回ることが多かった受講生が，修了式での成果発表を率先して行う。最初は「何となく教師の仕事に興味がある」，「教育学部について知りたい」というような漠然とした興味・関心をもって参加した受講生が，修了時には，「教師ではなく，教育者としてキノコの研究を進めたい」，「教育とは，「今日＋行く」とも解釈できる。今を大事に教師への道を歩んでいきたい」など，より専門的，哲学的な視点をもってカリキュラムを振り返ることがある。もちろん，彼／彼女らの成果全てが「教師へのとびら」に起因すると自負しているわけではない。高等学校や家庭，地域社会での学びが結びついて得られた成果であるが，始動から約6年が経ち，事後・追跡調査を重ねていく中で，そこに「教師へのとびら」が少なからず影響しているのではないかと実感している次第である。

　「教師へのとびら」は発展途上のプロジェクトである。高校3年間のカリキュラムを通じて，①「教師」という職業に対する理解を深めること，②教師になるための「学び」について理解すること，③自分が本当に教師なりたいのかを問い直すこと，そして，④自己分析を通して目指すべき教師像を設定すること，の4つを最終到達目標とする。そして，大学での学修に円滑に接続し，7年間で未来の教師を育成する。今後も，eラーニングの運用，教材開発，プログラムの増加など，高校3年間のカリキュラムの改善・深化に引き続き取り組んでいく。

　加えて，「大学4年間＋その後」の追跡調査の充実を図っていく所存である。2021年度以降に，7年間の学びを経て教員になる「とびら生」が誕生する。現職教員になったとびら生は，「教師へのとびら」をどのように振り返るのだろうか。学校現場で7年間の学びがどう生かされているのだろうか。また，キャリアのステージ（若手，中堅，管理職など）によって，「教師へのとびら」の見方・考え方は変化するのだろうか。このような追跡調

査で得られる量的・質的データが，本カリキュラムの地域貢献度のバロメータになるではないだろうかと期待している。

　本書は，科学研究費助成事業基盤研究（Ｃ）「教員養成の高大接続に資する「対面授業＋ｅラーニング融合カリキュラム」の構築」（課題番号 G20K02738B）の一環として刊行するものである。

　本書を通して，教育学部の「特色や強みとなる分野」の一つである本プロジェクトに関し，より幅広い読者層に向けて，「継続性，専門性，地域性，汎用性」を兼備した高大接続のしくみを整理・解説することができた。2019年度は，新規登録者は過去最高の133名に達し，開始当初の平成24年度の約３倍に迫る勢いで増加している。増え続ける受講生の継続的な学びを支援するための働きかけとして，2019年度はｅラーニング教材の充実化にも努め，新たに６本の教材を作成した。さらに，試行的に１年目と２年目にそれぞれプログラムを１回追加した。これは，学習間隔をより均一化させ学びの一貫性を高めるためである。残念ながら，新型コロナウイルス感染拡大防止のため，2019年度の実施は見送ることになったため，2020年度以降に再度調整を図っていく所存である。

　最後に，各プログラムに参加した高校生の受講生，そして，本事業の実施・運営にご協力・ご尽力いただいた，佐賀県内高等学校の先生方をはじめ，地域の学校現場の先生方，附属学校園の先生方，大学関係者各位に感謝の意を表し，あとがきとさせて頂く。

2020年12月

佐賀大学教育学部　林　裕子（監修・著）・竜田　徹（著）

付録

教師へのとびらノート

教師へのとびらノート

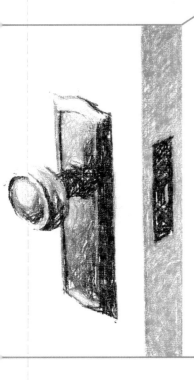

所属 ＿＿＿＿＿＿＿＿＿ 高等学校

氏名 ＿＿＿＿＿＿＿＿＿＿＿＿＿＿＿

受講者番号 ＿＿＿＿＿＿＿＿＿＿＿

ノートの内容

「教師へのとびら」のカリキュラム

回	コマ	プログラム内容
1	1	先生という職業を考えているあなたへ（現場教師による講話①）
	2	講話をふまえたリフレクション
2	3	オープンキャンパスで大学の雰囲気を体感
	4	参加プログラムの体験報告とリフレクション・仲間づくり
3	5	大学生の専門科目（教科系の科目）に触れる（大学生との合同講義①）
	6	受講講義の報告とリフレクション
4	7	教育の現代的課題（現場教師による講話②）
	8	講話をふまえたリフレクション
5	9	ワールド・カフェによるグループ討論「いい先生ってどんな人？」
	10	ワールド・カフェで取り上げたテーマのリフレクション
6	11	大学生の専門科目（教職系の科目）に触れる（大学生との合同講義②）
	12	受講講義の報告とリフレクション
7	13	「教師へのとびら」のリフレクション
	14	ポートフォリオ作成
	15	ポートフォリオ発表

＊ 都合により，プログラムの内容が変更になる場合があります。

＊ 3年生でポートフォリオを作成するためには，1年生と2年生のプログラム全6回のうち，5回以上参加することが必要です。ポートフォリオを作成した受講者には，「修了証」を授与します。

＊ 上記回数よりも少ない受講者には，「受講証明書」を発行します。

◆あなたのポートフォリオにその名前を付けた理由を書いてみよう

授業の目標と成果

記入日　　　年　　　月　　　日

今日の授業のタイトル

今日の私の目標は？

　　今回の授業を受けるにあたって，その授業で何を知りたいか，何ができるようになりたいかなど目標を書きましょう。

できるようになったこと，分かったことは？

　　今回の授業を通して，何を知ることができたか，何ができるようになったかなど，事前に立てた目標に対しての成果を書きましょう。

オープンキャンパスで「新しい発見」

オープンキャンパスで調べ学習をします。オープンキャンパスで何を得たいか，知りたいか，自分なりの目標を立てて当日にのぞみましょう。

▼参加する前に：オープンキャンパスでの私の目標は？

■　参加するプログラム（別紙参照・当日変更しても構いません）

プログラム名	

（プログラムを選んだ理由）

▼参加してみて　～グループワークに備えよう～

■　どのようなプログラムだったか，簡潔にまとめよう。

■　プログラム参加で見つけた「発見」をメモしよう。

■　高校と大学の違いについて気づいた点を整理しよう

■　教育分野の進路を考える上で，知らなければいけないと感じた点

▼グループワークを終えて〜できるようになったこと，分かったことは？〜

■　グループでの意見交換や発表を聞いて気づいた点をまとめよう
（この部分については，指示があるまで記入しないでください）

私というひと　1年目

ここでは，「私というひと」つまりあなた自身について，考えてみましょう。

記入日　　　年　　　月　　　日　　　氏名

得意な教科	【似顔絵（写真】
趣味・特技	
ボランティア活動	

感動経験・印象に残っている出来事	

私のイイところ	私の直したいところ

「教師へのとびら」に参加した理由	

今，頑張っていること・一生懸命取り組んでいること	

日常生活で心がけていること（工夫していること）	

「私というひと」に対するメンバーからのコメント

記入日　　年　　月　　日　　　**氏名**

＊「私というひと」に対してメンバーからコメントをもらいましょう。
　もらったコメントは，枠内に貼り付けておきましょう。

授業の目標と成果

記入日　　　年　　　月　　　日

今日の授業のタイトル _____

今日の私の目標は？

　　今回の授業を受けるにあたって，その授業で何を知りたいか，何ができるようになりたいかなど目標を書きましょう。

できるようになったこと，分かったことは？

　　今回の授業を通して，何を知ることができたか，何ができるようになったかなど，事前に立てた目標に対しての成果を書きましょう。

授業の目標と成果

記入日　　　　年　　　月　　　日

今日の授業のタイトル＿＿＿＿＿＿＿＿＿＿＿＿＿＿＿＿＿＿＿＿＿＿＿＿

今日の私の目標は？

　今回の授業を受けるにあたって，その授業で何を知りたいか，何ができるようになりたいかなど目標を書きましょう。

できるようになったこと，分かったことは？

　今回の授業を通して，何を知ることができたか，何ができるようになったかなど，事前に立てた目標に対しての成果を書きましょう。

授業の目標と成果

記入日　　　　年　　　月　　　　日

今日の授業のタイトル _____

今日の私の目標は？

　今回の授業を受けるにあたって，その授業で何を知りたいか，何ができるようになりたいかなど目標を書きましょう。

できるようになったこと，分かったことは？

　今回の授業を通して，何を知ることができたか，何ができるようになったかなど，事前に立てた目標に対しての成果を書きましょう。

教育について語り合うワールド・カフェ
～いい先生ってどんな人？～

＜ワールド・カフェのエチケット＞
- あなたが大切に感じていることに焦点をあてましょう。
- あなたの考えと経験に基づいて参加しましょう。
- 理解するためによく聴きましょう。
- アイデアをつなげましょう。
- 遊んでください！いたずら書きをしてください！！絵を描いてください！！！

＜ワールド・カフェで感じたことをまとめよう＞
➢ あなたが1ラウンド目で考えたこと・話したことまたは，聴いたこと・知ったこと

トークテーマ「　　　　　　　　　　　　　　　　　　　　　　　　　　　　　　　」

➢ あなたが2ラウンド目で考えたこと・話したことまたは，聴いたこと・知ったこと

トークテーマ「　　　　　　　　　　　　　　　　　　　　　　　　　　　　　　　」

➢ あなたが3ラウンド目で考えたこと・話したことまたは，聴いたこと・知ったこと

トークテーマ「　　　　　　　　　　　　　　　　　　　　　　　　　　　　　　　」

➢ 今日のワールド・カフェ全体を通して感じたことや考えたことを，「授業の目標と成果」のページにまとめよう。

私というひと　2年目

ここでは，「私というひと」つまりあなた自身について，考えてみましょう。

記入日　　　年　　　月　　　日　　　　氏名

得意な教科	【似顔絵（写真）】
趣味・特技	
ボランティア活動	

感動経験・印象に残っている出来事	

私のイイところ	私の直したいところ

「教師へのとびら」に参加した理由

今，頑張っていること・一生懸命取り組んでいること

日常生活で心がけていること（工夫していること）

「私というひと」に対するメンバーからのコメント

記入日　　　年　　月　　日　　　氏名

＊「私というひと」に対してメンバーからコメントをもらいましょう。
　もらったコメントは，枠内に貼り付けておきましょう。

授業の目標と成果

記入日　　　**年**　　　**月**　　　**日**

今日の授業のタイトル　　　　　　　　　　　　　　　　　　　　　　　　　　　　

今日の私の目標は？

　今回の授業を受けるにあたって，その授業で何を知りたいか，何ができるようになりたいかなど目標を書きましょう。

できるようになったこと，分かったこととは？

　今回の授業を通して，何を知ることができたか，何ができるようになったかなど，事前に立てた目標に対しての成果を書きましょう。

あ と が き

ここでは，これまでの「教師へのとびら」の授業を受けてきた中で考えたことをまとめます。

記入日 　　　年　　　月　　　日　　　　氏名

「教師へのとびら」を通して	**感動経験・印象に残っている出来事**
	関連する資料など
	学んだこと・分かったこと
	関連する資料など

なぜ，教師という職業を目指すのか？

これからの自分に対してヒトコト!!

授業の資料など

毎回の授業の中で，配布された資料や自分で作成した成果物などをファイルに入れていきましょう。

その際，資料をもらった日や作った日が分かるように日付を記しておきましょう。

●Q1～Q40に書かれている質問に「はい」と答えられる人を見つけて，名前を書いてもらいましょう。2マス以上に同じ人の名前が入らないように!!　Q40は，自分のチームのメンバーと行ってください。メンバーと自分の共通点を探して，共通点が何かということと名前を書いてもらいましょう。

Q1. 三代目 J Soul brothers が好き	Q2.卒業後は，佐賀から出たい!!	Q3.「植物図鑑」を観たことがある	Q4.海外旅行に行ったことがある
Q5.楽器を演奏できる	Q6. 英語が好きだ	Q7.4 人以上兄弟（姉妹）がいる	Q8.メガネを掛けている
Q9.緊張するとお腹が痛くなる	Q10.将来の目標がある	Q11. 部活をやっている（いた）	Q12. 睡眠時間毎日9時間以上必要
Q13. 人には言えない過去がある	Q14.通学方法が自転車あるいは電車だ	Q15. 数学が好きだ	Q16.好きな食べ物といえばハンバーグだ
Q17.朝ご飯はパンより米だ	Q18. 佐賀市以外に住んでいる	Q19. 最近，家族とケンカした	Q20.パフュームが好き
Q21.昨晩はカレーを食べた	Q22.龍谷高校が好き	Q23. チョークが何だか好きだ	Q24.GWを楽しんだ自信がある
Q25.血液型がB型	Q26.ライブに2回以上いったことがある	Q27. 円より四角形が好き	Q28. 末っ子だ
Q29.最近許せないことがあった	Q30 逆立ちができる	Q31. 一人っ子だ	Q32. 好きな匂いがある
Q33.文房具には，こだわりがある	Q34.献血に行ったことがある	Q35. 将来はリーダーになりたい！	Q36. 落とし穴に落ちたことがある
Q37. お父さんと洗濯物を一緒にされるのが嫌だ	Q38.「人生は冒険」だと思っている	Q39. 二人の共通点は？共通点：	Q40. 四人（五人）の共通点は？共通点：

監修者・著者略歴

林　裕子　はやし・ゆうこ

1983年長崎県出身。2012年，英国オックスフォード大学にて博士号 DPhil in Education（応用言語学）を取得。現在，佐賀大学教育学部准教授。専門は応用言語学，英語科教育。主な著書に『【コアカリキュラム対応】小・中学校で英語を教えるための必携テキスト』（共著・東京書籍，2019）

竜田　徹　たった・とおる

1983年福井県出身。2012年，広島大学大学院教育学研究科博士課程後期を修了し，博士（教育学）を取得。現在，佐賀大学教育学部准教授。専攻は国語科教育，読書教育。主な著書に『構想力を育む国語教育』（溪水社，2014）

カラー図解　よくわかる！　教師を目指すための高大接続のしくみ

令和 3 年 3 月 28 日　第 1 版発行

林　裕子（監修・著）・竜田　徹（著）

発行所　東京書籍株式会社
〒114-8524 東京都北区堀船 2 - 17 - 1
電話 03 - 5390 - 7531（東京）
092 - 771 - 1536（福岡）

印刷・製本　株式会社 昭和堂